映画で見えた世界

はじめに

私はいま、日本映画大学で日本と世界の映画史の講義を担当している。そしていつも、語るべきことが多すぎて困っている。

子どもの頃から映画は見ているが、とくに熱心に見るようになったのは太平洋戦争の敗戦後である。当時、日本映画の新作も、外国映画の輸入も本数が限られていたために、戦前の旧作が、軍国主義的な作品は別として、片っ端から再上映されていた。それで同時期の新作はもとより、トーキー初期からの目ぼしい作品は邦画洋画ともたいてい見ることができた。やがて映画雑誌への投稿が認められて批評家になり、上京して映画雑誌の編集者になると、東京で熱心な映画愛好者たちがやっている古典映画上映会といった催しをさがしては見に行った。そのいちばん大きな集りは無声映画鑑賞会である。

一九五〇年代半ば、日本映画の存在が国際的に注目されはじめた頃で、諸外国から日本映画史の回顧上映をやりたいという申し込みが相次ぎ、これに応じて東和映画の川喜多かしこさんが中心になって日本映画各社の旧作を集め、当時の文部省が東京国立近代美術館フィルムセンターを作った。そのとき私は批評家の中からそれに協力する委員会のメンバーに選ばれて、その仕事を手伝い、それで集められた作品を見て、外国から来た日本映画研究者の相談役をしたりした。

さらに一九七〇年代頃から、外務省や国際交流基金の依頼などでアジア諸国に日本映画について講演に行くことが何度かあったが、私は行く先々でその国の映画を見せてもらい、それを日本で上映するためにあちこちに頼んで歩いた。するとこれも半端ですますわけにもゆかなくなり、各国の古典をまとめて見せていただく旅を続けたり、それで選んだ作品を各地の映画祭に紹介したりした。

こうして一九九〇年代頃になると、私はいつのまにか、世界の知られざる秀作をいちばんたんねんに見ている世界の何人かの映画研究者のひとりとなっていた。

こうなると一種の義務感が生じる。すぐれたフィルムがどんどん劣化して失われてしまうということである。さいわい日本にはフィルムセンターの優秀なフィルム保存庫ができたし、地方自治体で古いフィルムの保存に熱意のあるところがいくつかある。福岡市総合図書館や川崎市市民ミュージアムである。そうしたところのフィルムアーカイヴに重要な外国作品を保存していただくこともできるようになった。そこの映画祭で上映されただけであまり一般には上映されていないような作品についての評論がこの本のあちこちに書かれているのは、私がそれらの価値を分っていただくために書いたものである。それらの作品が映画史から欠落してはいけないのだ、という確信が私にはある。

この本は映画史のノートと言っていいと思うが、私の興味のおもむくまま、関心があっちにとび、こっちにとび、まとまりの悪いものになっている。ただ私は、古い作品をただあれこれ並べるのでなく、その作品がいまのわれわれに呼びかけていることに主として耳を傾けたつもりである。

昔は本で読むだけで見ることのできない作品が多かったものであるが、いまでは、どこかのフィルムライブラリーに保存されていたり、ＤＶＤ化されたりして、あ、その作品、こんなところにあったのかと喜ぶことが多い。だからこそ、映画祭で上映されただけの作品なども遠慮なく書いた。しかしまあ、われながらじつにたくさん、いろんな映画をさがして見て歩いたものである。ＤＶＤで手軽に映画を見れる時代になると、本数では私以上に見る人が出てくると思うが、全く未知の映画の秀作をさがして東南アジア、中近東、さらにアフリカまで、しばしば妻の佐藤久子と一緒に旅をつづけ、よく分らない映画の解釈を語り合ったものだった。

映画で見えた世界　目次

第三章　怪異の世界

第六章　人気者……203

カバーデザイン　河村貴志（アンドブック）
校正・校閲・組版　鷗来堂
編集協力　尾塩 尚

第一章　時代劇

時代劇と日本人

股旅ものと西部劇

時代劇の大きなジャンルの一つである股旅《またたび》ものは、昭和四年からはじまった。この年、長谷川伸の「沓掛時次郎」（辻吉郎監督、大河内傳次郎、酒井米子主演）の最初の映画化のヒットがあり、これが股旅もののブームを起こしたからである。

これの基になっていたのは、アメリカ映画の「鬼火ロウドン」（一九一八）という作品で、舞台はアラスカにとっているが、西部劇でグッド・バッド・マンものと呼ばれていたジャンルの作品である。ならず者が、堅気《かたぎ》の女に出会ったことで善人になり、女を守って戦うことになるというパターンで、後年の「シェーン」もこれにつながるものである。

このならず者と堅気の女との出逢いは、西欧のロマンスの原型である騎士道物語の騎士と貴婦人の出逢いに相当する。「沓掛時次郎」では、旅のやくざが決闘で殺した相手の妻に恋をして、悩みながら彼女のためにこそ戦う。西欧ではもうとっくに過去のものになってしまっていた中世の騎士道物語の基本の型が、アメリカでは西部劇の定型の物語形式に蘇《よみがえ》ったのだ。男が戦うのは尊敬すべき女の威厳のためであると。

私がこんなことにこだわるのは、この「沓掛時次郎」以前の日本の時代劇で男が女のためにこそヒーローとなって戦うというものを知らないからである。

日本の時代劇で、侍ややくざが戦うのは、忠義のためか親分のためか、或いは自分や仲間の面子のためである。妻のための仇討ちを女敵討ちと言うが、これは恥ずべきこととされていて、公式の仇討ち制度でも認められていない。

「沓掛時次郎」の長谷川伸に続いて「弥太郎笠」の子母沢寛が股旅ものの作家として現われて、股旅小説とその映画化が昭和の戦前に大流行になる。この「弥太郎笠」でも、弥太郎というやくざ者のヒーローは、可憐な田舎娘のために彼女の父を殺した敵を討ってやる。これの最初の映画化は、稲垣浩監督、片岡千恵蔵、山田五十鈴主演で、滝沢一によれば「稲垣浩の律動感のある語り口、千恵蔵の弥太郎の発らつさと山田五十鈴のお雪の可れんさ、これは無声映画時代の、この種娯楽映画の一つの頂点を示すものであった。」(「キネマ旬報」増刊11、20号)

こうして日本の時代劇でも、女のために戦うハリウッド映画式のヒーローが活躍することになる。それ以前は歌舞伎でも講談でも、男は女のためには戦わなかった。いや、サイレント末期の時代劇で阪東妻三郎が恋する剣士として大受けに受けていたが、これもアメリカ映画の影響であろう。それが時代劇の最初の革新の起点だったはずだ。

その前の大正時代を代表する時代劇スターだった尾上松之助は、ずいぶん俠客《きょうかく》もやっているが、弱きを助け、とは言っても可憐な少女のためにということはなかったのではないか。だいたい松之助が女に惚れる役をするはずもないし、ヒーローが女のために戦うようになる、ということを、とりあえず、大正から昭和へ時代区分の目安に出来るだろう。

そこでもう一度、その大正時代頃に西部劇のグッド・バッド・マンものを代表するスターだったウィリアム・S・ハートはどんな女のために戦ったのか考えてみる。「二挺拳銃」では、彼の演じる荒くれ者は、開拓地に出来た教会を目障りだからぶっ壊してやろうと出かけていって、そこでオルガンを弾いている乙女を一目見ただけでぼおーっとなる。そして直ちに正義の味方になってしまう。これは少々単純すぎる例だが、グッド・バッド・マンものが西欧中世の騎士道物語の血を引いていることは、この貴婦人崇拝ぶりでも明らかなのだ。

「沓掛時次郎」も「弥太郎笠」も日本男児が女のためにこそ戦うところまでは西洋化したのだが、彼女たちを貴婦人に仕立てるのは無理だった。真面目な女ではあるが、彼女たちはいずれも、やくざと直接、縁続きであることになっている。これだと、やくざ同士の暴力沙汰の枠内の話で終わる。

「沓掛時次郎」の映画化第一作が昭和四年、「弥太郎笠」が同じく七年で、それを追うように十一年には山中貞雄が「河内山宗俊」をつくる。これは一応、河竹黙阿弥の歌舞伎を下敷きにはしているが、オリジナルに近いものである。そしてその創意は主に、男は主君や親分のためではなく、女のためにこそ戦うべきだというところにかかっている。

賭場の親方である河内山（河原崎長十郎）と浪人でやくざの用心棒をしている金子市之丞（中村翫右衛門）は、共にくだらない生き方をしている者同士だが、盛り場で甘酒を売っているお浪という堅気の可憐な少女（まだ十五歳の原節子）が大好きということで意気投合して親友になる。このお浪に不良の弟がいて、お浪はいつも弟の心配ばかりしている。この弟がとうとう遊女と心中し損ねて女だけ死なせるという失敗を犯し、莫大な賠償金を要求される。お浪は身売りを覚悟する。このお浪を救うために河内山と金子市之丞が、生涯ではじめて良いことをするという満足感を抱いて、大名をだまして大金を奪い、それをお浪に届けさせるために、やくざの群れと戦って死ぬ。私が時代劇史上最も美しい立回りだと思うのはこれである。

これは女のためにこそ戦うというテーマも西部劇ゆずりなら、路地裏の下水道で戦うその下水道と、仲間が一人ずつ倒れながら最後の一人がその女性のもとに行くというクライマックスの構成は、デュマの「三銃士」ではないか、と、からかわれたほど西洋の影響ずくめの作品である。しかし私の好みではこれこそが最高の日本の時代劇なのだ。

昭和初期、時代劇の最先端だったのは、こうして積極的にアメリカ映画を模倣しながら、日本にはなかった思想をまるで昔から日本にあったもののようにして作り上げた一群の作品であった。女性崇拝を根幹としたその見事な贋作の流れは、間もなく戦争に巻き込まれ、敗戦後もついに復活も再出発もしなかった、というのが、とりあえずの私の見解である。

昭和初期には、自分が殺した男の妻に罪の意識を抱きながら恋をするという話や、可憐な少女の純情をこそ正義の原点に据えるということがエンターテインメントの定石として成り立ったが、戦後はなぜかそうはいかなくなってしまったようだ。そしていまや、武士道再評価の大合唱ばかりがうるさい。

エンターテインメントとは、軽薄であることが許されるということを武器として、世界文化の統合をやってのけることも出来るものなのだ。そしてそれを無茶に大胆にやってのけて自国の文化のダメなところをやっつけ、他国の文化のいいところを、あたかも自分の国にも古くからあったもののようにしてしまうものなのだ。山中貞雄にはそれがやれたが、さあ、いま誰がそれをやれるか。

忘れられた時代劇とその監督たち

いつか京都でアジアの女性映画監督の作品を集めた映画会があり、モンゴルやフィリピンの女性の映画監督を招いてシンポジウムも行なわれたのだが、それで京都に数日滞在していたフィリピンの監督のマリルー・ディアス・アバヤさんが、どこで聞きつけたのか、博物館で古典映画の上映会をやっていると知って、閑さえあればそれに通っていた。そして私に言ったのは、「御誂治郎吉格子」という作品が素晴らしい！　ということだった。伊藤大輔監督の一九三一年のサイレントの名作である。これはまあ、良い作品は誰が見ても良いという当り前のことにすぎないが、かつてこの作品をどこかから蒐集してきて大事に保存していたマツダ映画社の故松田春翠に聞かせてやれたらどんなにか喜んだろうな、と思った一言であった。こんな傑作も努力して蒐集しなければ忘れられてしまうのだ。

「御誂治郎吉格子」はまあ、現在に残る古典としていろんな機会に上映されているので、じつに幸運だと言わなければならないが、無声時代の時代劇は少数の例外を別として大部分が失なわれてしまっている。伊藤大輔監督ではほぼ完全と言えるのはこれ一本ぐらい。近年ようやく、不完全ながら「忠治旅日記」三部曲（一九二七）と「長恨」（一九二六）が発見されて東京のフィルムセンターに所蔵された。

マツダ映画社には、一九一〇年の横田商会作品ではないかと思われる「松之助の忠臣蔵」という一時間余りの作品がある。たぶん後年のフィルムもまじえて再編集され、浪曲と活弁が吹き込まれているという珍品であるが、もしこれが一九一〇年作品を主な部分とするものなら、たぶん日本で作られた最初の長篇劇映画であるということになる。技巧的にはまだカメラの移動もカット・バックもない、据えっぱなしワン・シーン＝ワン・ショットの原始的なものなのであるが、それでもアッと驚くテクニックがないわけではない。本所のソバ屋の二階で同志が結集する場面。部屋の壁になんと、戸外の雪景色が描いてあるのだ。そこに窓があったとして、という想定の書割りのつもりなのかもしれないが、おお、ファンタスティック！

マツダ映画社の所蔵作品で、ほぼ完全なかたちで見られるもののひとつに二川文太郎監督・阪東妻三郎主演の「雄呂血」（一九二五）がある。これはもう上映される機会も多いので容易に忘れられることもないと思うが、同じコンビによる「逆流」（一九二四）という作品もあって、これもなかなかすぐれたものである。とくに最後の立回りにむけ阪東妻三郎の浪人者の絶望のポーズに心を打つものがある。だいたい阪東妻三郎にしろ大河内傳次郎にしろ、自暴自棄、やけのやんぱち状況におけるのたうちまわるような立回りというのが凄かったと言われるのだが、その実作品というのはあまり残っていない。その点、「雄呂血」と「逆流」は貴重であり、もうひとつ、マツダ映画社がいろんなフィルムの断片を集めて作った「大河内傳次郎乱闘場面集」というビデオが素晴らしい。ここには、すでに伝説と化している伊藤大輔の「新版大岡政談」（一九二八）や「素浪人忠弥」（一九三〇）の、たぶんサワリと言ってもいいのではないかと思える部分が見られるのだ。大河内傳次郎がどんな凄い形相でスクリーンをのたうちまわったか、それをまた、唐沢弘光のカメラがどんなに不思議なアングルから、その空間にねじ込んで行ったか、これらはやはりマツダ映画社が保存したマキノ正博の「浪人街　第一話　美しき獲物」（一九二八）のクライマックスの大立回りの断片とともに不朽の宝物と言うよりない。

大正時代に第一級のカメラマンであり、のち監督に転じた枝正義郎という人がいて、一九二八年の「坂本竜馬」という作品が保存されているが、阪東妻三郎の坂本竜馬が暗殺される場面の構図の美しさ、ゆっくりとした俳優たちの動きの美しさ、そこにそえられたお湯が火鉢にひっくり返って湯煙の立つ画面効果の美しさ、などなど、この一場面でも忘れられていい人ではない。

マツダ映画社の無声映画は澤登翠の活弁つきで良さが倍加する作品がいくつかあるが、その筆頭には稲垣浩監督、片岡千恵蔵主演の「番場の忠太郎　瞼の母」（一九三一）をあげないわけにはいかない。しかし稲垣浩はすでに定評ある大監督であって、その名が忘れられるはずはないから、ここではそれ以上くわしくは書かない。辻吉郎となるとどうだろう。非常に多くの時代劇を作っている監督であるが、もうほとんど忘れられた人と言えるだろう。私がこの人を重要な存在だと思うのは、何度も映画化された長谷川伸の「沓掛時次郎」の、一九二九年の最初のバージョンを監督した人だからである。映画史に関して多くの知識を与えてくれた吉田智恵男が、あるときこの作品について、原作にはないシーンがひとつあると教えてくれたのである。大河内傳次郎の時次郎が、酒井米子のおきぬを助け、追手を逃れて街道を行く途中、道端で倒れて死んでいる鳥追い女の遺体から、その女の手に抱かれていた三味線を取って、ごめんよ、と片手で拝むようにしながら去るのである。バクチ打ちの足を洗った彼は、この三味線で新内の流しをやりながら、自分が殺した男の残した妻である彼女とその子を養うのである。確かに原作には、時次郎がどうして三味線を手に入れたかという説明はない。吉田智恵男によれば、この映画はこのエピソードを加えることによって江戸時代の流浪のやくざや芸人のよるべなき苛烈な状況をくっきりと浮びあがらせるリアリズム作品になり得ている、というのである。私はそのことをマツダ映画社の上映会の無声映画鑑賞会で確かめ、原作者の長谷川伸をたんなる通俗作家以上の時代の記録者として見直す「長谷川伸論」という長篇の評論を書くいとぐちにさせてもらった。こんな観点から見直すと、興味深い映画作家はまだまだいると思う。

一般に東映時代劇というと、一九五〇年代後半から一九六〇年代前半までの時期における、豪華けんらんのめっぽう威勢のいい作品群を言うことが多い。清水次郎長ものやなにかがオールスター・キャストで繰返しお正月番組をにぎわせていた時期である。なにしろ当時は日本映画の産業的最盛期であり、しかもその儲かってたまらない日本映画の総収入の半分はわが社一社でいただくと社長が豪語していたのが東映である。その主力の撮影所が時代劇専門の京都撮影所だった。つまり日本映画史上いちばん活気があったスタジオであり、そこではあまりに忙しくて誰もが走っており、歩いている奴はいない、などというまことしやかな冗談まで言われていたくらいである。そういう気分は作品にも正直に映し出されるもので、当時の東映時代劇と言えば、めっぽう楽天的な調子のいいものが主流で、暗い懐疑的な傾向などは容易に入り込む余地もなかったものである。

まあ、それはそれでいいが、じつは東映の時代劇には、その前身の東横映画時代から、貧乏で悪戦苦闘していた時期があり、その頃の作品のほうが、単純な威勢の良さでない、むしろ威勢なんか悪い、じっと不遇に耐えるうっ屈した気分がしっとりと行き渡っていて、私などにとっては忘れ難い作品が多いのである。

たとえばマキノ雅弘の「酔ひどれ八万騎」（一九五一）。これは伝説的な名作「浪人街　第一話美しき獲物」のリメークである。このリメークはマキノ雅弘自身によって一九五七年にまた行なわれ、こちらの松竹版「浪人街」のほうはフィルムが残っていて、再上映される機会もしばしばあるのだが、「酔ひどれ八万騎」はすっかり忘れられている。しかし、私の記憶を現存する一九二八～二九年のマキノ映画版の断片と較べてみた場合、あの伝説的なサイレント作品の気分や雰囲気や情念を忠実に再現していたのはだんぜん「酔ひどれ八万騎」だったと思えてならないのである。いや、クライマックスの反逆の熱気などはマキノ正博が弱冠二十歳のときのあのマキノ映画版の断片からほとばしるものに及ばないかもしれないが、月形龍之介などの浪人者が暗い酒場でひっそり酒を飲んでいる場面など、不遇の人生の味わいは、確実に昔の若い頃の描き方などよりぐっと成熟していたはずである。私の印象にとくに強く残っているのもそこである。

マキノ雅弘は自作のリメークを繰り返し何度でもやった人で、やはり若い頃の代表作のひとつである「仇討崇禅《そうぜん》寺馬場」を一九五七年にリメークしている。主演は大友柳太朗。彼が演じるのは生田伝八郎という元ある藩の武術指南の侍である。あるとき試合で若輩の侍に負けたことから御役御免になり、ちょっとしたことからその相手を斬ってしまって領内から遁走せざるを得なくなる。こうして敵持ちの浪人として逃亡の人生を強いられ、追ってきた敵討ちの相手にはいさぎよく斬られてやろうと覚悟をきめるのだが、そのとき彼を慕っていた沖仲士の頭の娘（千原しのぶ）が伝八郎には内緒で助っ人をかき集めておいてくれたために返り討ちとなって彼は生き残る。愛する彼女の助けによって生きのびることができたわけだが、結果としては武士にあるまじき卑劣な生きのびかただったわけで、彼の侍としての誇りは大きく傷つき、狂ったような行動がつづく。そして本当に狂ってしまうのである。大友柳太朗はたぶん主演ではこれが一世一代の好演である。いや、上手《うま》いというのではないが、後半、なにか鬼気迫る真剣さが漂ってきて、ほんと、すごかったと思う。さいごに大立回りがあるのだが、これが颯爽とした威勢のいいものではなく、ヤケのヤンパチか敗者の居直りか、はたまた悪魔の哄笑か、地獄の底までつきあうぜ、みたいな、やたらしつっこい情念の充ち充ちたものだったことが忘れ難い。マキノ雅弘は「次郎長三国志」シリーズやミュージカル仕立ての「鴛鴦《おしどり》歌合戦」などで知られるように、調子よく威勢のいい軽妙なタッチのエンターテインメント作品で評価されているが、「酔ひどれ八万騎」や「仇討崇禅寺馬場」の頃には、なんという暗くて辛《つら》い映画を作る監督だろうと思い、そこがやたらと心にひっかかってきたものであった。

こういう暗いタッチの時代劇は、じつはマキノ雅弘だけでなく、東横映画から初期の東映の時代劇にはよく見られたものだった。たとえば松田定次の「妖異忠臣蔵」（一九五四）である。江戸の町に発生する怪事件の謎を追ってゆくと、赤穂浪士の討入りですっかり敵役にされてしまって消えていった、吉良の付人の元上杉藩士たちの組織が浮びあがってくるというミステリー仕立てのものである。この元上杉藩重役を月形龍之介が演じていた。もともと唇をへの字に結んで苦虫を噛み潰したような表情が身についている役者だけに、この、こと志に反した苦渋の思いの演技が逸品で、ゾクゾクしたことを憶えている。

河野寿一の「白扇みだれ黒髪」（一九五六）。これは邦枝完二の小説を橋本忍が脚色したもので、ひとひねりもふたひねりもした、およそ勧善懲悪からは遠い時代劇である。東千代之介がニヒルな浪人者を演じて一種凄愴な味わいがあった。

まあ、この「白扇みだれ黒髪」や「仇討崇禅寺馬場」が作られた頃は東映時代劇は好調の波に乗って楽天的で威勢のいい豪華な作品のオンパレードになっており、その中ではこれらの作品はその前の時期の残りもののようなかたちで存在したのだが、それ以前は東映時代劇全体がB級と見られていたものである。だからこれらの異色ある作品も、十把ひとからげに定番の大衆娯楽作として扱われて、まともに論評もされていない。そしていずれも大スターの主演作でなかったためであろう、未だにビデオにもなっていない。しかし私は、いずれもその暗さの中にこそ心を打つ真剣な思いのこもっていた作品であったと思う。まあ、いま見直したら意外につまらないものだったということもあるかもしれないが、ぜひとも再見してそこを確かめてみたい。

敗戦後、時代劇は占領軍によって厳しく制限され、そのため時代劇専門のスターたちや監督たちは不遇をかこち、それまでにいた会社からいびり出されるようにして当時は貧乏会社だった東横＝東映に集って来たという経緯があった。またこの会社自体、戦後に満洲映画協会から引き揚げてきた人々が作ったもので、活動屋らしい意地と空元気はあっても元々は失意からの再出発という気味があった。大衆娯楽映画にそんな心情告白は禁物だが、量産される多くの作品の中にひょいとそんな心情がまぎれ込むことは可能であり、むしろ必然的であろう。私はこれらの作品に感じられた不遇意識とじっと耐えて意地をはっているような気分を、そうした時代劇不遇時代の時代劇映画人たちの真情の吐露だったように思うわけだ。そして、それはたぶん時代劇映画人たちだけでなく、当時不遇だった人々の意識に重なるものだったのではないかと思う。そう、かく言う私もその頃は大いに不遇意識にとり憑かれていたので、それで共感したのかもしれない。そして、そんな気分は、東映時代劇の繁栄と共に一掃されてゆくのである。

ぜひもういちど見てみたいと思う作品のひとつに成瀬巳喜男の唯一の時代劇である「お国と五平」（一九五二）がある。谷崎潤一郎の戯曲を映画化したもので、木暮実千代が敵討ちの旅をつづけている女、大谷友右衛門がその従者、そして山村聡がその敵《かたき》である。長期にわたる敵討ちの旅の中で、女主人と従者が互いにひかれあい、敵討ちよりも情愛のほうが痛切な大事になってしまっている女と男の物語であり、女のほうが主人なので、日本の時代劇には珍らしい貴婦人崇拝のエロチシズムがくっきりと浮かびあがる作品だった。言いそえるならば木暮実千代は当時もっともエロチックな女優として人気が高かったものである。殆んど脱いだりなんかはしないのだが、むしろしっかり着物を着たまま、性的な期待で露骨に体をくねらせるようにしたりする演技を多くのシリアスな巨匠作品で演じていて、つまりはまじめで高尚なエロとして相当な迫力があったものである。まだ十代だった私としてはそのためにとくべつに強い印象を受けたのだと思うが、これは私の記憶の中では成瀬巳喜男のかずかずの名作傑作の中でも忘れ難い作品のひとつになっている。ところが意外なことに、批評でこれを良いと賞めているものがひとつも見当らず、誰の成瀬論でもこれはほぼ一言で失敗作と片づけられているのである。そんなつまらない映画だったかどうか、ぜひもういちど見て確めてみたい。

うろ憶えではっきりしたことは言えないが、この作品で特徴的だったことのひとつに、おそらくは原作の舞台どおりにしたために、登場人物が極端に少なく、場所も限定されていて、セリフ本位、俳優本位で、映像的にはきわめてシンプルだったことである。風俗描写のデテイルの微妙さ豊かさでファンを感嘆させた成瀬巳喜男作品としてはこれは大きなマイナスであり、黙殺されたのも止むを得なかったのかもしれない。しかし、のちに高峰秀子さんに聞いた話によると、なくなられる前に成瀬巳喜男を見舞いに行ったとき、いちど黒バックの映画を撮ろうね、と言われたそうである。黒バック、つまり背景は黒一色で、いっさい風俗描写のない、セリフと俳優の演技力だけで持たせる映画である。それが成瀬巳喜男の理想だったとまでは言えないかもしれないが、やってみたいことだったことは確かであり、その意味では「お国と五平」はその理想にいちばん近い作品だったのかもしれない。

現代劇専門の監督が例外的に作った時代劇で、とくに評判になったわけでもないまま、忘れられ、埋もれてしまいそうな作品が他にもいくつかある。大庭秀雄の「情火」（一九五二）、渋谷実の「青銅の基督」（一九五五）、五所平之助の「螢火」（一九五八）、田坂具隆の「冷飯とおさんとちゃん」（一九六四）、実相寺昭雄の「あさき夢みし」（一九七四）、木下惠介の「新釈 四谷怪談」前後篇（一九四九）と「笛吹川」（一九六〇）などがそれである。これらはいずれもチャンバラではなく、剣豪スターは出ていない。そして「笛吹川」を別とすればいずれも、男と女の愛情あるいは感情のもつれとか、女を前にしての男の自尊心のあり方とそれの崩れ方といったことを主題のひとつの重要な核にしているところが通常のチャンバラ中心の時代劇と違う特色になっていて、これは前述の成瀬巳喜男の「お国と五平」にも共通するところである。

時代劇はチャンバラを主流とし、傍流としては近松門左衛門などの世話浄瑠璃の映画化とか、さらにかつて松竹下加茂撮影所が得意とした世話もの系、心中もの系の情話ものがあった。そしてもうひとつの傍流として以上のような現代劇の監督たちによる非チャンバラの男と女の葛藤を扱った諸作品があったことを忘れないでおきたい。それらの多くがビデオにもなっていないので、心配なのである。「冷飯とおさんとちゃん」は人情ものとして秀逸だし、「あさき夢みし」は中世の無常感がよく出ていて宮廷ものとしては最良の作品だと思う。「新釈 四谷怪談」は豊田四郎の「四谷怪談」ほども残酷ではないし、中川信夫の「東海道四谷怪談」ほど怖くもない、ひどくセンチメンタルなゴースト・ストーリーだが、あわれな男たちと女たちの哀話としてはちょっと類のない傑作だと思う。上原謙の民谷伊右衛門がお岩を殺そうか殺すまいかと悩んで心が千々に乱れるあたり（そんな伊右衛門があるものかと言ってしまえばそれまでだが）、田中絹代のお岩が、伊右衛門の殺意に気づかず、むしろ愛されていると思って涙にむせぶあたり、さらにはお岩を慕ってやってきて伊右衛門に殺されてしまう佐田啓二の小仏小平が、殺されたはずなのにフラフラ立上ってお岩を救おうとするかのような動きをするあたり、まあ、無力な人間の救いを求めるあがきかたの辛さ切なさを描いて最高だと私は思うのだが、この映画を傑作だという批評は読んだことがないし、「四谷怪談」と言えば中川信夫版以外、殆んど語られることもないのは残念だ。「螢火」は坂本竜馬（森美樹）とその妻（若尾文子）の物語なのだが、脇役のはずの伴淳三郎と淡島千景の演じた伏見の船宿の主人夫婦の日常のほうが印象に鮮やかだった。そこに現代劇作家の時代劇進出の意味があった。

非チャンバラの情話的な映画を歌舞伎の世話ものに通じる味わいで描くことができた腕のいい監督としては、巨匠衣笠貞之助は別格として、また佳作「なみだ川」（一九六七）の三隅研次なども まだまだ忘れられるはずはないから別にして、井上金太郎、冬島泰三などの名を忘れないようにしよう。井上金太郎は時代劇作品は残念ながら殆んど失なわれてしまって、かわりに明治ものだが「月夜鴉」（一九三九）、「新月夜鴉」（一九四〇）、「すみだ川」（一九四二）などがフィルムセンターに保存されている。冬島泰三では「江戸の小鼠たち」（一九五八）がまだそんなに古い作品ではないからあるはずだ。

石田民三も情緒派の時代劇では重要なひとりだ。一九三四年に、原作邦枝完二、撮影三木茂、美術小村雪岱、主演鈴木澄子というぞくぞくするようなすごい顔ぶれで作った「おせん」という作品こそが浮世絵的な画調に凝りに凝った傑作だったと言われるのだが、これはフィルムが残っていなくて残念。いま見ることのできる彼の時代劇は森本薫の戯曲による「花ちりぬ」（一九三八）ぐらいのものである。しかしこれはなかなかの野心作で、しかも京都にこだわった作品である。勤皇佐幕で剣戟に明け暮れる京の都を、祇園のお茶屋を舞台にして登場人物は女だけで描いている。チャンバラをやっているのは地方からやってきたむくつけき野郎どもばかり。本当の京の人間はここにだけいるのだ。あと石田民三作品で時代劇というと敗戦も間近の一九四四年にエノケン（榎本健一）主演で撮った「三尺左吾平」がある。喜劇というよりは山本周五郎の市井ものの味に近いものであり、英雄豪傑ニヒリストを描かなかった時代劇作家としての面目は躍如としている。

野淵昶もヒーロー抜きの時代劇作家、女性崇拝に徹した時代劇作家として研究に価すると思うが、残っている作品が少ないのは残念である。私の印象に深いのは、明治物で嵐寛寿郎が三味線の芸人を演じた「恋三味線」である。敗戦直後、時代劇スターたちが立回りを禁じられたため、止むを得ず作られたものだと思うが、尾羽うち枯らした芸人を演じる嵐寛寿郎の自嘲的にさえも見える淋しい風情と、にもかかわらずバックボーンとして一筋きりりと通っている気品やプライドにいたく心を打たれたおぼえがある。戦前から女性もの専門、お色気専門の時代劇作家と言われ、戦後にも「田之助紅」（一九四七）、「好色五人女」（一九四八）、「千姫御殿」（一九四八）、「女殺し油地獄」（一九四九）などがある。この分野は溝口健二の存在があまりに大きかったためにかすんでしまったのか。

野淵昶は戦争中の一九三九年に「紫式部」という作品を作っているが、当時の記録によればこれは検閲で全体の三分の一にあたる八〇〇メートルをカットされているという。念のため内務省の記録を調べてみたが、それではカットなしで通過したことになっている。おそらく検閲官が正式に検閲する前にこっそり警告して自発的にカット版を提出させるというようなことをしたのだろう。当時はよくそんなことが行なわれたもので、有名な亀井文夫の「戦ふ兵隊」なども、正式には検閲で禁止されたのではなくて事前の警告で会社が自発的に取り下げたのである。おそらく「紫式部」のばあいは、ストーリーが宮廷に及び、さらには宮廷内のラブロマンスかスキャンダルになっていたかどうかしていたために警告を受けることになったのではあるまいか。そしてそれほど大幅にカットされた作品では評価に堪える作品になれたはずもない。しかしもしこの作品が残っており、そのカットされた部分なども大事に保存しておいたなら、野淵昶はまた違った評価を受けることも可能だったかもしれない。

こんなふうに宮廷ロマンスが禁じられていたために日本の時代劇には優雅な傾向のものが容易に育たず、戦後になって不敬罪なんてことを怖れる必要がなくなっても、せっかく「源氏物語」という大古典を持っていながら、どうもたいした作品は生れなかった。そのなかで唯一、古典文学による宮廷ものの映画化で作品として見るべき高さに達していたのは、鎌倉時代の告白体の小説「とはずがたり」を大岡信が脚色し、実相寺昭雄が監督した「あさき夢みし」（一九七四）である。無常感の深い闇の中から淡白なエロチシズムがせつせつとあふれてくる。その風流の美しさが新鮮であり、中世や古代は時代劇にとってまだまだ未知の宝庫と言えよう。

萩原遼は戦後の東映でチャンバラをせっせと作ったが、もともとは情緒派だったはずだ。その意味で私の印象に残っているのは長谷川一夫主演の「霧の夜ばなし」（一九四六）である。

「新吾十番勝負」と民族的マゾヒズム

東映の「新吾十番勝負」を見た。出だしから三十分ぐらいの調子はなかなかあざやかなもので、いったいどうなるのだろうと、ぞくぞくしたが、終りのほうは全然ありきたりの大衆小説調。

後の将軍、徳川吉宗が、若年の頃商人の爺さんを手打ちにする。その娘長谷川裕見子と岡田英次とは愛し合っていた。アダを討とうとして、夜吉宗が、一人でいるところへおそいかかる。そして岡田英次は川へほうり込まれ長谷川裕見子は気絶して吉宗の寝室へかつぎ込まれ、そこで貞操を奪われてしまう。

一方、岡田英次も、川下である剣客に救われ、彼から剣を習ってさらに復讐《ふくしゅう》を図る。ところが意外なことに長谷川裕見子はそのまま吉宗の側室になり、こどもを生み吉宗と愛し愛される関係になっているという。岡田英次はその子を奪ってくる。

非道な支配者のために、父にひとしい主人を殺され、恋人を奪われる。大衆的なロマンの筋だてとしてこれはよくあることであるが、この映画ではその恋人の心までが変ってしまう。権力者という奴は、愛する者の心まで支配してしまう力をもっているのである。被支配階級にとって、これは最大の屈辱だ。

　この屈辱を軸にして後半のドラマが展開されてゆけば、これは世界的に通用するロマンになる。ところが後半は、岡田英次の奪ってきたこどもは長じて主人公の葵新吾になり、そして父であるところの徳川吉宗と、母であるその側室との温かい愛情に保護されながら日本中を旅して、桃太郎的、あるいは水戸黄門的な大活躍をするのである。

　すなわち、徳川吉宗は全く全能な神のようなもので、人を殺しても良し、その殺した男の娘を犯しても良し、そして彼は、天皇を形容するときによく使う、いわゆる慈悲深い顔をしているのである。

　これは一種の倒錯ではないか、これは一種の民族的なマゾヒズムの表現なのではないか。しかもこれが、支配階級対被支配階級の関係の表現で特に現われるという点で全く日本的であり、世界には通用しないものなのではないか。正直のところ、終りの方は腹が立った。

「蟬しぐれ」

私は藤沢周平の小説の愛読者である。どれを読んでも面白いし、全体に水準が高くて当り外れがない。エンターテインメントとしての時代小説ということを基本にしていて剣豪や剣客がヒーローになっていることが多いが、以前の時代小説のようにいかにも現実ばなれのした超人ではなく、努力して到達できる専門技術のように思われるところが親しみやすくていい。スーパーマン的な剣豪小説に反対して時代小説でも、職人や実務官僚としての武士や、その妻たちのことばかり書いた山本周五郎がすでにおり、藤沢周平のような作家が出現できたのも、すでに山本周五郎によって江戸時代の人々の生活の実態を極力リアルに描き出そうとするやり方が出来ていたからであるが、しかし山本周五郎的に、ただまじめに実直に生きた人々のことだけ読んでいても少々退屈する。藤沢周平はそこに、ロマンスの味わいのする面白いストーリーと、あまり現実ばなれしない範囲でのさっそうとしたヒーローや美男美女をあらためて復活させた。しかし、かつての吉川英治の「宮本武蔵」のように、剣の道を究めると称して殆ど殺人鬼のような生き方をするのではなく、侍が剣を修業するのもあくまで役人としての基礎教養であって、実務を実直にはたすことをこそ生甲斐とするという、山本周五郎以後の新しい時代小説の行き方を見事に受け継いでいる。

前置きが長くなったが藤沢周平によって時代小説が現代の良識ある読書人にとって面白いものになり、それが映画化されることで時代劇映画も現代に通じる生活感覚をとりもどしてぐっと新鮮になった。山田洋次監督による「たそがれ清兵衛」と「隠し剣　鬼の爪」がその成果であるが、つづいて黒土三男監督による「蟬しぐれ」が出来た。黒土三男は脚本家としては知られているが監督としては山田洋次のような練達の巨匠ではまだないので、さてどうかと思って見に行ったのだが、やはりなかなかの見応えである。「蟬しぐれ」は衆目の一致するところ藤沢周平の代表作のひとつであるし、やはり原作の力が大きい。

原作はストーリーとしての面白さもさることながら風景などの情景描写に一流の純文学の小説などに勝るとも劣らぬ美しさがあって酔わせる。監督もそこはとくに熟読して力をそそいだのであろう、風景描写が凝りに凝っていて、昔の侍や百姓が、自分たちの藩をひとつの世界として愛し、誇りとし、それを命をかけて守ろうとした気持が分るような気がする。

時代劇には長い歴史があるが、たいていが江戸を舞台にしていたので、昔、日本にはそれぞれの地方に美しい風景があり、人々の心はそれによってはぐくまれてきたという単純な事実を描き落してきたかもしれない。山形県は鶴岡の出身で郷土の物語として多くの〝海坂藩〟ものを書いた藤沢周平は、まずそんな単純な事実に気づかせてくれる。

主人公は牧文四郎（市川染五郎）という下級武士であるが、その少年時代の父親（緒形拳）のエピソードがいい。この父親は藩上層部の世継ぎをめぐるお家騒動に巻き込まれて切腹させられて死ぬのだが、百姓たちと直接接触する職務で、その仕事をまじめにやっていたことから百姓たちの生活をよく把握していて、大雨の洪水で土堤の切り崩しをしなければならなくなったときに彼の意見具申でひとつの地域の田畑が救われる。そのことをその地元の百姓たちが恩にきていて、それで後半、主人公がお家騒動で活躍するときに精神的にも実際上でも重要な助けになる。

こういう武士と百姓のつながり（あるいは断絶）というものも、昔の時代劇はただ一方的に情け深い侍や横暴な侍が百姓の前にいばって現れるだけで、本当のところはどうだったのかという追求は殆どされてこなかったものである。実際には藩の行政と村の自治との関係はどうなっていたのか、歴史学的にも研究ははじまったばかりというところなので、これからもっと面白い時代劇の材料が出てくる可能性は大いにある。

文四郎の幼なじみだった少女が殿様の側室となり、子を生み、跡目相続の争いで生命の危機にさらされ、成長した文四郎が剣をとって彼女とその子を守って悪家老一味の刺客たちと斬り結ぶ、というクライマックスは旧来の時代劇の定石をちゃんと守って、立回りもちゃんとしたものである。優男の市川染五郎の痛々しいような立回りは、強いから戦うというのではなく、彼女への愛や亡き父の名誉回復など、やらねばならぬことのための止むを得ない必死の行動という切迫感に結実していて、そこにきりりとした美しさがある。

マキノ雅弘

マキノ雅弘《まさひろ》は明治四十一年（一九〇八）の生まれで、平成五年（一九九三）になくなった。父は明治・大正時代のもっとも多作な映画監督で大プロデューサーだった牧野省三《しょうぞう》。弟に東映を業界最大の会社にのし上げたプロデューサーの牧野光雄《みつお》がいる。

雅弘は本名正唯《まさただ》、父親の経営する映画会社で四歳のときに子役として出演し、中学生の頃にも俳優をやっていた。中学を出ると父のプロダクションで俳優と同時に助監督もやり、大正十五年（一九二六）には十八歳で監督になっている。早熟の才人でもあったに違いないが、家業として映画製作をはじめた父親の職業を跡とりとして手伝った、ということであろう。家業だから一族に映画人が多いのだ。以来、昭和四十七年（一九七二）に最後の作品「純子引退記念映画　関東緋桜《ひざくら》一家」を作るまで、四十六年間に約二百二十本の映画を作っている。私の知るかぎり、たぶんこれは日本でもっともたくさんの映画を作った監督、ということになると思う。

本数だけからいえば早撮りで有名な渡辺邦男《わたなべくにお》監督も、ほぼ同時期にマキノ雅弘より数本少ないだけでまずは拮抗《きっこう》する量産をやってのけているから、この二人が両横綱といえる。しかし、内容的に見ると渡辺邦男は、「明治天皇と日露大戦争」というヒット作はあるものの、ただコンスタントに安上りで儲かる映画を作り、早撮りでしばしば会社の危機を救って感謝されたという以上には出ず、作品の質からいって特筆に値する作品はない。ところがマキノ雅弘は、弱冠二十歳のときに『キネマ旬報』誌のベスト・テン投票に「浪人街　第一話」で一位を獲得するという芸術的才能を発揮したのをはじめ、昭和初期にはもっとも注目された監督たちのひとりだったし、のち娯楽映画に専念するようになって、芸術性本位に選ばれるベスト・テン投票の圏外に去っても、しばしば秀逸な面白い作品で観客を喜ばせ、映画的技巧の点でもとみに再評価の声が高い。

初期の一連の芸術的名作はほとんどがフィルムが失われてしまっているのでともかく、近年再上映やテレビ放送、ビデオ発売などで評判になるものには、戦前のミュージカル時代劇の「鴛鴦歌合戦」、戦後では「次郎長三国志」シリーズ、そして一九六〇年代の任俠映画華やかなりし頃の高倉健主演の「日本俠客《きょうかく》伝」シリーズなどがある。

マキノ雅弘の生涯は自伝『映画渡世《とせい》・天の巻』『同・地の巻』にくわしい。この自伝で珍しいのは、自分の家系に京都のやくざの大親分が何人もいることを隠さず、むしろ誇りを持って書いていることである。かつての日本ではやくざ必ずしも暴力団ではなかったからである。多くのまともな職業集団が親分子分の組《くみ》組織になっており、そしてしばしば暴力団に劣らず暴力的でさえあった。そういう、やくざっぽい職人集団が昭和初期頃まではたくさんあり、彼らもやくざに分類されることが多かったので、実質は職人の親方としての誇り高いやくざすなわち俠客ということもあり得たのである。

マキノ雅弘は自分の目上の身内の何人かをそういう誇り高き任俠の徒として記述しており、自分の作ったやくざ映画はそういう身近で見聞した親分から学んだ彼らの気風を描いたものなのだと言っている。すなわち「やくざであってもやくざな生活はするな」ということがその精神の核心で、その意味は世間からは、やくざに分類される親分子分組織の職人集団に属していても、遊び人のような自堕落な生活はするな、ということである。

マキノ雅弘は、映画職人として注文はなんでもこなす、という仕事ぶりであったと思う。時代劇、現代劇、新派調の悲劇、メロドラマ、喜劇、ミュージカル、と、なんでも撮っている。初期に前述の「浪人街」シリーズをはじめ、「崇禅寺馬場」「蹴《け》合鶏《あいどり》」「首の座」など一連のベストテン入選作で芸術派の最先端をいっていたのも、彼自身が芸術青年だったというよりは、それらの脚本家の山上《やまがみ》伊《い》太郎《たろう》が本物の芸術青年で、その情熱あふるる脚本を、マキノ雅弘がなんでもこなしてみせるという職人的情熱で見事に映像化したということだったのかもしれない。彼はなんでもやれたのだ。

かつて撮影所がそれぞれ独自のカラーを保って製作を続けていた頃、日本の撮影所はそれぞれに閉鎖的で人材の移動や交流は乏しかった。閉鎖性が撮影所のカラーを生んだのである。ところがマキノ雅弘や渡辺邦男は例外で、どんな種類の娯楽作品も安く早く仕上げて安定した利益につなげるという職人性を買われ、経営的に危機状態の撮影所から三顧《さんこ》の礼をもって助っ人に迎えられることが多かった。そのことも彼らの作品が題材的にバラエティに富んでいることの理由のひとつにあげることができる。

とはいえ、得手不得手によっておのずから一定の分野に作品は集中してくるし、大急ぎの仕事ということになると能率的にやれる昔評判の良かった自作のリメークもふえる。こうして結局、マキノ雅弘作品の半ばはやくざ映画になる。

親分子分、兄貴分弟分、兄弟分と、強い絆で結ばれた男たちの義理人情の世界ということになるが、そんな堅苦しい主題や大義名分を表にかかげるまでもなく、彼らの生き方の三日やったら止められないところを知りつくしているのがマキノ雅弘の強味だった。すなわち、義理人情の厳しさ、ではなくて、それを名目とした野郎どもの徹底した甘え合い、もたれ合い、徒党を組んでわいわい騒ぐことの愉《たの》しさ、これである。

マキノ雅弘のやくざ映画は、義理人情の非情な掟の厳しさという悲劇性以上に、気のいい乱暴者たちが息のつまるような堅気の社会から脱出して気の合う者たちだけの集団に結集し、そこで思いっきり羽目を外してわいわい騒ぐということの喜劇性にあふれているのである。

敗戦のとき、たいていの映画人はこれからどうしていいかわからなくて呆然自失していた。戦争中に作った戦意昂揚《せんいこうよう》映画で占領軍からなんらかの戦争責任を問われるのではないかと心配していた人も少なくはなかったはずである。ところが、マキノ雅弘の反応は非常にユニークなものだった。彼はアメリカ軍が来ればすぐにダンスホールが必要になると考え、場所を手配し、「不良」たちに女を集めさせて至急ダンスを教え、撮影所で使っていない楽器を取り寄せてバンドも編成させ、進駐軍がやってくるとこれが大当たりで大儲けした、というのである。

ほんとかいな？　と思うような話だが前掲の自伝で本人がそう言っているのだから、多少は割り引いても一応は事実と受け取るしかないであろう。このエピソードは、彼がなかなか目端《めはし》の利《き》く商売人であることを物語っていると同時に、「不良」たちを組織的に動かせる立場に彼がいたことを物語っており、この「不良」というのは「やくざ」という言葉に置き換えてもあまり違いはないのではないかと思われる。彼自身がそういう組織にかかわっていたわけではないが、先輩や知人、友人に立派な親分衆がいたことを彼は隠していない。

本人がやくざであるわけではない股旅小説の作家などは、作品ではとかくやくざの悲劇性を強調しつつ義理の掟の厳しさなどを謳いあげるが、それはやくざ讃美におちいらないようにという道徳的規制の心理が作用するからであろう。ところが、幼い頃からやくざの社会を内側から見ていたマキノ雅弘にしてみれば、男同士でわいわい騒いで無茶をやっては親分から「やくざであってもやくざな生活はするな」と叱られるということの楽しさをこそ強調したいわけで、そこに愉快な喜劇性が生まれることになる。だいたい父親の家業として彼が幼い頃からかかわっていた草創期の日本の映画産業自体、正業ではあるが世間の眼では半ばやくざに分類されていたような遊興関連のいわゆる水商売であった。そこに集ってくる人間は、基本的には堅気であっても、親からは不良と目されて家をとび出してきた若者とか、なかにはれっきとしたやくざも少なくはなかったものである。まじめに映画の芸術的将来性に魅せられて入ってきた者にはしばしば耐え難い世界だったが、そこにはやくざ社会に共通する集団的な遊びの気分があふれていたはずなのである。

マキノ雅弘は時代劇に多くのスターを供給したマキノ・プロダクションの主宰者マキノ省三の跡とり息子として、若い頃からいわばそうした集団のガキ大将のような立場にあり、彼らのかもし出す毎日がお祭り騒ぎであるような気分をよく知っていただけでなく、そんな集団をひきいて映画を作っていたのである。

彼の映画でもっとも成功した作品は、初期の「浪人街」など一連の反逆的時代劇と、戦後何度も繰り返しリメークした「次郎長三国志」シリーズだと思うが、前者はそうした野郎どもが体制の権力の偽善性に対する反撥を土台として成り立っていたし、後者は映画人などの遊び人気質が市民権を得た戦後社会における彼らの人生謳歌《おうか》を形を変えて謳いあげたものだったとも見ることができるかもしれない。

前者の悲壮美は芸術として評価され、後者は大衆娯楽映画としてベスト・テン投票などでは軽視されてきたが、両者は表裏一体のものであり、日本映画のもっとも太い流れのひとつを形成してきたのだ。

後者はのち、日本映画史上、もっとも儲かる映画を連続的に生み出した一九五〇年代、六〇年代の東映京都撮影所の時代劇＝任俠映画の基調ともなったスタイルに受け継がれて、マキノ雅弘とは必ずしも師弟関係のない若い映画作家たち、俳優集団たちにも大きく影響してゆくのである。

時代ものには社会を変える手がかりがある

――最近、時代小説の方は新しい書き手がどんどん出てきて、若い読者も増えてきているようですが、テレビや映画などの時代劇の方はどうなんでしょうか。

いま時代小説が復興してきて、大衆文化の中で大きな地位を占めている。これは私にとっては予想外のことでね。大衆小説の中で時代小説が占める位置はどんどん小さくなっているとばかり思っていたのが、意外にも優れた作品が続々と出てきて、現代ものより質・量ともに盛んで優勢なくらいでしょう。どうしてなのかと思いますね。

映画について言えば、日本映画の歴史の中で時代劇は大きな位置を占めてきたわけですが、一九六〇年代の半ばあたりで時代劇は大きく様変わりします。日本で映画が産業として成立するのは二十世紀の初頭、一九一〇年代からですが、その黎明期から六〇年代の半ばくらいまでは、日本で一年間に制作される映画の実に五〇％近くが時代劇だったんです。これは世界的に見ても非常に珍しいんですよ。例えば西部劇はアメリカの時代劇みたいなものですが、アメリカ映画の半分が西部劇ということはないわけです。比較的近いのはインド映画の神話ものかなと思いますが、それでも日本ほどではない。だから日本のように長い間にわたって、制作される映画の半分が時代劇というのは、世界的に見て特異な現象なんです。

それが六〇年代半ばになって、時代劇はいったん任俠映画に取って代わられ、伝統的な時代劇はテレビだけになります。その代表的なものは「水戸黄門」ですね。これは大衆演劇や歌舞伎などにも通じる勧善懲悪の世界ですが、映画ではこういったものが滅びて、ヤクザ映画、任俠映画の時代になった。しかし、任俠映画は十年しか続きませんでしたね。

七〇年代に入ると今度は「仁義なき戦い」のような「実録暴力団」ものの時代になり、完全に時代劇ではなくなります。任俠映画も大正、昭和が舞台になっているものが多いので時代劇ではないと言えばそうですが、着物姿と刀で斬り合うスタイルは時代劇そのままのものがしばらくありましたから。つまり古い型の時代劇は六〇年代でご破算になり、一部の時代劇だけが残った。それは山本周五郎とか藤沢周平といった作家の原作ものですが、全体の割合で言えば一割もないでしょう。そういう意味では六〇年代以後、日本映画はノーマルになったわけです（笑）。

——なぜ六〇年代までの日本人は、そんなに時代劇が好きだったんでしょう。

やはり当時の人々は、自分たちが日本人であることに強烈な自意識を持っていて、自分たちは周りの国の文化と置き換えられないものを持っているという気持ちが強かったのだと思います。つまり洋服を着ている自分に自信が持てず（笑）、着物を着ている自分が本物で洋服を着ている自分は本物ではないと。必ずしもそう自覚していたわけではないでしょうが、それに近い意識は六〇年代の半ばまで人々の中にあったと思いますね。それで時代劇を見ると安心した。それ以降の世代になるとそのコンプレックスが解けて、過去を正当に評価できるようになったのではないかと思います。

そんな中で現代の時代小説が見事に生き延びられた理由の一つは、侍や町人などをリアルに描くようになったからでしょうね。昔の講談の世界では侍はみんな英雄豪傑で、超人的な活躍をしていた。それが山本周五郎以降、等身大の形で描かれるようになりました。本質的には武士もいまの公務員と違わない生活だったと。そこに読者は親近感を持つわけですが、なおかつ小説なのでいまの公務員にはできないようなことができた。たまにチャンバラはするし、黙っていても奥さんはちゃんとついてくるし（笑）。こんなことは当時でも現実にはあり得なかったわけですが、いまのサラリーマン社会を理想化すると嘘になるけれど、侍の世界を理想化しても嘘と思われない。そこが時代小説の人気の秘密なんでしょうね。

でも、いまの時代小説や時代劇は、まだまだ昔の日本の民衆の実態は描けていませんね。多くが侍、町人の世界の話で、農民まではいっていない。農民というと百姓一揆のイメージしか出てこないし、それも食い詰めた悲惨な姿ばかりでね。実際には村の自治権はかなり強くて、殿様が領民と交わした約束を破ったときにこそ一揆は起こっている。むしろ豊かな村が反乱を起こしているんです。

このように、農民の実態をきちんと描けるようになれば、時代劇もやっと本物になると思いますけどね。

――時代ものに登場する人物たちは、封建社会で暮らしながらわれわれより生き生きと、どこかすっきり生きていますね。

それは立ち居振る舞いが明確だからでしょう。最近はともかく、日本の社会は長い間、親分子分関係のようなものを重視してきましたね。当然、上下の立ち居振る舞いは厳格に決められていましたが、それは共同体の中で無用な摩擦を起こさず、円滑な人間関係を築く上で大切なものでした。そのお蔭で、子どもから大人まで、人々はそれぞれの立場にふさわしい作法を身につけていれば、自分の振る舞いに悩まなくてすんだわけです。

それに対し、現代人の身分関係は曖昧になっているので、目上の人、目下の人それぞれにどう振る舞えばいいかわからない。現実の生活でそこがうまくいかなくてみなさん苦労しているんじゃないでしょうか。バーではどんな態度でいればいいか、会社ではどういう口のきき方をしたらいいかとね（笑）。

時代小説では場面ごとにいろいろ気のきいた言い回しがあるんですが、現代小説では世代ごとに決まり文句が違っているし、現実そのものがどんどん変化するので、うまい言い回しを提示できないでいる。だから現代小説の登場人物はなんだかうじうじしているのに対し、時代小説の方は人間関係が見事に割り切れているので、すっきりしているんですね。

以前の歌舞伎界は親方・子方の世界でしたが、いまは歌舞伎の世界で活躍したい人は国立劇場の研修所で研修生として芸を学ぶという形になっています。それでも歌舞伎の世界はまだまだ封建的ですから、研修生の若者は苦労しているだろうと思っていたんです。ところがあるときテレビで研修所を取り上げていて、そのような質問を取材者がしたら、「封建的な社会は楽なもんです。誰に頭を下げればいいかさえわかっていれば、あとは気を遣うことはないんですから」と。これはわれわれの盲点だと思いましたね。

いまの社会は民主主義を標榜していますから、実際には支配する側とされる側とが厳然とあるのに、建前としては平等で民主的でないといけないとみんな思っている。そこから生じる無理が、さまざまなゆがみとなってあちこちで出てきているような気がするんです。

いまなぜ子どもの世界であれほどいじめが多いかと言うと、お互いに気を遣いあいすぎて、それで精神的におかしくなっているからだという説を最近読んで、なるほどなと思ったんですね。大人でさえ、とりあえず相手にどう振る舞えばいいか最低のところはわかっているとはいえ悩んでいるくらいですから、最近の子どもにはさらにわからない。だから、お互いトラブルを起こさないよう気を遣いあい、その結果疲れて、ささいなことで攻撃的になっていると。

それに対し、昔はいろいろな年齢の子ども達が交ざって遊んでいたし、年上・年下の上下関係がしっかりありましたから、子どもは年上の子の言うことを聞いていればよかった。だから昔の子どもはあまり人間関係で悩まなくてよかったんです。いじめられたら、遊び仲間の年上の子に言いつければ仕返しにいってくれたりして安心していられた（笑）。ところがいまは、言いつける人がいないんですね。先生に言いつけると密告したと言われるし、仲間に言いつけても多数派工作として警戒される。だからいまの子どもは、民主主義のお蔭で苦労しているんです（笑）。

やはりわれわれは民主主義に慣れていないんだな。親方・子方の世界の方が安心していられるんですね。いま時代小説が受けているのも、身分による立ち居振る舞いのはっきりしている世界の方が安心していられるからかもしれません。

——それが時代小説や時代劇がすたれず続いている大きな要因だと。

さらに言えば、日本の文化の中で一向に進展しないのが、男はどうやって女性を口説けばいいかという問題です（笑）。これは本当に模範解答がないんですよ。英語圏なら、ただひと言「アイ・ラブ・ユー」と言えばいいんですが、われわれの世界には結婚を申し込むときはこう言えばいいというような決まり文句がない。だから、みんな一人ひとり工夫しなくてはならなくて、いまだに苦労しているわけです。

それが時代劇だと何も言わなくても女性はついてくることになっている（笑）。だいたいお嫁さんは親などが世話してくれるもので女性を口説く必要はないし、一緒になれば特に何か言わなくても気持ちが通じる世界が成り立っていたはずだと。本当に成り立っていたかどうかはわかりませんけどね（笑）。われわれは純日本的なコミュニティーを失ったためそういうことがわからなくなっているけれど、本当は日本人にはそういう世界があったんだという幻想を、われわれは時代ものに追い求めているんじゃないかという気もします。

——長谷川伸の描くヤクザの主人公も、好きと言えないで去るわけですね。

長谷川伸は昔のヤクザの世界を描いたことになっていますが、ヤクザの世界ではあり得なかったようなことを描いているんです。プラトニック・ラブなんかをね。講談や浪曲に出てくるヤクザは、女性に思いやりのある話し方などしていません。国定忠治も妾に密告されて死ぬくらいだから、女性に細やかな愛情を抱いていたとは思えない（笑）。つまり、ヤクザが女性に思いやりのある口をきいたということは、歌舞伎や大衆読み物の伝統にはないんです。それを長谷川伸や子母澤寛たちがつくり出したんですね。

では彼らは何を手がかりにしたかと言うと、西部劇なんですよ。西部劇の最も基本的なパターンに「グッド・バッド・マン」というのがあるんですが、これは根は善良な悪漢のことで、その悪漢を真人間に立ち返らせるきっかけは必ず女性なんです。この物語のパターンは中世の騎士道物語にあったもので、それをアメリカが西部小説から西部劇に採り入れ、それを長谷川伸がまた採り入れて書いたのが「沓掛時次郎」などです。

——「一本刀土俵入」もそうですか。

淀長さん（淀川長治氏）に言わせると、「一本刀土俵入」は「ユーコンの俠妓」というアラスカものの焼き直しだと。私はこの映画は観ていませんが、「沓掛時次郎」は「鬼火ロウドン」という西部劇が基になっていることは確認しました。長谷川伸は女性に優しい人だったことは確かで、そういう個人的な経験も盛り込まれてはいますが、西部劇を股旅ものに置き換えた結果、日本人ははじめてヤクザでも女性に優しい言葉を使うというパターンをつくり出せたんですね。

それまでの日本では、立派な男は恋愛をしないことになっていました。近ごろ「武士道」というものをやたらに持ち上げるけれど、武士道の核心は、立派な男は女性に惚れないことなんです(笑)。女性に惚れない、殿様に忠義を尽くす、親には孝行をする、しかし奥さんを女郎屋にたたき売ることがある。これが武士道です(笑)。だから、武士道なんてそう立派なものではないんですよ。

それはともかく、日本の伝統文化の中に女性崇拝はなかった。現代でも女にすぐ惚れるのは少々頼りない優男に決まっていて、あいつはちゃらちゃら安っぽいからしようがないということで認められるわけでしょう。でも、大正時代くらいから立派な男も女に惚れるべきではないかと、アメリカ映画を観てみんな思うわけですね。そして立派な男が惚れるパターンをいろいろ考えたけれど、なかなかうまくいかなかった。俺は立派な男だと思いこんでいる寅さんも、毎回必ず失恋する(笑)。だから日本では、立派な男は恋愛に成功しないことに決まっていたんですよ。石原裕次郎は立派な男だけれど恋愛に成功します。なぜか。彼はキザなアメリカかぶれの不良だからです(笑)。つまり長谷川伸の時代までは、立派な男で恋愛をするのは、ヤクザの形でしか成り立たなかった。

ところが、立派な男もちゃんと恋愛に成功することを達成させたのが藤沢周平です。藤沢周平の小説の中では、立派な男がきちんと女性に失礼のない態度をとっている。それを山田洋次監督が映画化したのは、まことに理にかなっているんです。山田洋次さんは、立派な男はなぜ失恋しなければいけないかという映画を何十本もつくってきましたからね（笑）。そして遂に藤沢周平もので、本当に立派な男が毅然とした恋愛をする映画を成立させた。これは現代ものでもなかなかできないことなんです。

——それで藤沢周平は女性にも人気があるんですね。

私は、藤沢周平の新しさは、日本に現実にあったかどうかわからない、立派な侍が女性を見下さずにきちんとした態度で接する、きちんとしたものの言い方をするという、従来にはなかった姿をつくり出したところだと思いますね。山本周五郎は庶民を描くところまでは行きましたが、立派な男が居住まいを正して女性に失礼のない愛の告白をするところまでは書けなかった。それを藤沢周平は達成している。これからさらにもう一歩進み、長谷川伸や藤沢周平を超えるような作家が出てくると、日本思想はまた変わるんじゃないかと思っているんですけどね。

日本の文化の進歩はゆるいんです。でも確実に進歩はしている。その進歩を、意外に時代ものの方が着実に表現できるんですね。それは、立ち居振る舞いのレベルでそれを描けるからなんです。時代劇や時代小説は、単に封建的な世界を描いているだけではなくて、社会をどう変えるかということの一つの手がかりも与えているんですよ。

（富士ゼロックス広報誌『GRAPHICATION』二〇〇八年七月号でのインタビュー）

第二章　戦争と映画

あるべきだった戦争映画

木下恵介監督が一九六三年に書いたシナリオに「戦場の固き約束」という作品がある。シナリオだけは書かれたが、ついに映画化はされなかった。二十四年後の一九八七年に主婦の友社からこのシナリオが単行本として刊行されたために、われわれはこれを読むことができるのである。この単行本にはおなじように一九八一年に書いたまま映画化には至らなかった「女たちの戦場」というシナリオと数篇の回想的なエッセイとが収録されているが、このシナリオ二作、とくに書名にも選んだ「戦場の固き約束」は、木下恵介にとって特別に愛着の深い作品だったようで、この本の「はじめに」で、「私の全作品四十八本中、最も強烈に私の思いをぶつけた力作と自負している」と書いている。

またその内容と映画化されなかった事情についてこうも書いている。

中支の戦場を舞台にしているのは、私自身が召集された時の体験から発想したドラマだからである。作中人物の中西二等兵は、私の実感を込めて書いた分身である。沢野上等兵が、老婆が織っていた織機の経糸を切断したことも実話であるし、兵たちの会話もほとんどそのままを再現してみた。もちろん全体としてはフィクションであるが、こうしたドラマを書きたくなるような戦場だったのである。

撮影所もおもしろい本だからと、一応乗り気になり、私は四、五人のスタッフと北海道へロケーション・ハンティングに行った。当時はまだ中国ロケなど思いもよらなかったからである。しかし北海道で撮影するにしても、エキストラの人数、輜重隊（輸送隊）の大量な車輌の製作など、相当の製作費になるはずであった。それが中止になった原因である。悔しかったことを覚えている。

（同書「はじめに」より）

当時木下惠介は、大先輩の小津安二郎監督が亡くなって名実ともに松竹のトップの監督であり、芸術的にも商業的にも最も安定し、尊敬されていたから、一九六〇年以後の日本映画界全体の急激な観客の減少があったにしても、まだまだ製作費などについては、相当な無理もできたはずである。松竹の経営陣がこれは当たる、と思っていたならば、である。結局、ただ単に製作費がかかりすぎると考えられただけではなく、その製作費に見合うだけの大当たりは期待できないと経営陣が考えたからであろう。

私が読んでも、木下惠介にとっての最も重要な作品のひとつが生まれたであろう、とは言えても、商業的に儲かると予想することは難しかっただろうと言わざるを得ない。

こんな内容である。

一九四二年初夏の中国、日中戦線の最前線の話である。日本軍は民家に放火し、また食糧などを村々で略奪しながら中国軍を攻撃して前進している。敗れた中国軍の少年兵たちが村落の間を後退してゆく。

ある農家で老婆がひとりで機を織っている。孫娘が結婚するので花婿のために着物を作ってやっているのである。そこへ日本兵たちがやってきて、そのひとりの沢野上等兵というのが、このお婆さんの機の経糸を帯剣で切断する。

「癪に触わるんや。俺達が、足をひきずりながら歩いているのに、此奴は悠々と機なんか織ってやがる（老婆へ）貴様らのおかげで俺達は苦労してるんやぞ」

——という無茶苦茶な言いぶんである。ここらが「兵たちの会話もほとんどそのままを再現してみた」というところだろうか。

沢野上等兵はこうも言った。

「……ああ、つまらん、つまらん、つまらん。こんな最後尾から尾《つ》いてったって敵なんかにめぐりあうか。俺あ支那人が殺したいんだ。弟の仇敵が討ちたいんだ」

これに対して菊山という一等兵はこう言う。

「俺は兄弟三人だ。兄貴も弟も、何処かこの作戦に参加してるんだ。生きてりゃいいが、俺あ、もう戦地に来てから二年になるけど、どうもチャン公（当時は中国人のことを日本兵はこう呼んで侮辱していた）にひどい事が出来ないんだ。俺が悪いことをすると、どうも兄貴か弟が戦死するような気がするんだ」

これらも「ほとんどそのまま」の再現だろうか。だとしたら貴重である。なにしろ戦争の記録は多々あるが、戦場での兵士のナマの声の記録というものは殆どないからである。

じつは機を織っていた老婆の娘の春玲と、翌日結婚式をあげる予定だった昌英という青年の二人は、突然やってきた日本軍から逃げて隠れていたが、昌英は日本軍に捕まり、スパイだと疑われて引き立てられる。春玲は敗走中の陳という少年兵を助け、それを恩に着た陳は春玲が無事であることを昌英に知らせようとして日本軍に接近し、日本軍に捕まる前に自殺する。

中国兵が昌英になにかを伝えに来たらしいということで昌英はますますスパイと疑われる。日本軍は昌英を訊問する。そこに中西という一等兵がいる。木下惠介が自分の分身として描いたと言っている人物である。彼はそれまで昌英の見張りを命じられていて、虐待されている昌英をなにかとかばって上官たちから殴られたり蹴られたりしている。それで昌英は中西を信頼していて、小隊長が罪のない女たちなど殺さないと約束して中西がその証人になってくれるのなら本当のことを言うという。

小隊長「此奴がお前なら信用して話すそうだ。休んでよろしい」
中西「はい（休めの姿勢になる）」

昌英「中西さん、私とあなたは友達です。あなたは私を裏切らない。日本の兵隊は私との約束を守るかどうか、あなたは日本人の良心を代表して証人になってください」

中西は約束する。

しかし小隊長にも他の上官たちにもそんな約束を守る気はない。どたん場になって平気で約束を破ろうとする上官たちに中西が必死に抗議すると中西は逆上した上等兵に刺されて死ぬ。

戦闘の混乱が終わったとき、生きのびていた昌英と春玲は、自分たちとの約束を守ろうとして死んだ中西を葬うために泣きながらその遺体を運んで去ってゆく。

これで終わりとなる。

この「戦場の固き約束」は、中国の戦場における日本軍の、日常化し習慣化し、正規の作戦行動の任務にまで組み込まれていた略奪を描いている点で他の多くの戦争映画からきわだっている。戦後日本映画は、数多くの戦争映画を生み、そこでは日本人自身が戦争でどんな苦しみを負ったかを描いたことで、戦争はもう嫌だという感情を盛りあげてきた。戦後日本人の一般的気分としての反戦平和の傾向に、それは相当の貢献をしたと思われる。が、しかし、そこでは日本人も苦しい経験をした、ということは声を大にして語られていたが、われわれが戦場とした土地の人々にどういう苦しみを与えたかということはさっぱり描かれていない。例外は「人間の条件」ぐらいのものである。自分が苦しい思いをしたから戦争は嫌だ、というのなら、自分が苦しまなくてすむのなら戦争もかまわないということになりかねない。現にいま日本はイラクで、日本人が死ななくてすむのなら戦争を支持するのか、ということを問われている。戦争とはまず、敵を苦しめることを目的として行われるのであるという単純な原則にたち返って考えてみることが重要であるのだが、これが難しい。最近ヒットした戦争映画の「男たちの大和　ＹＡＭＡＴＯ」は、敵を苦しめる場面が殆どなく、ひたすら大和の乗組員たちが苦しんで死んでゆく場面だけでできている点で日本的な反戦映画の典型的な作品と言える。その点、「戦場の固き約束」は、日本軍はいかに敵を苦しめ、そのことで自分自身の良心を損なったかを描いた作品と言える。

結局このシナリオは映画化されなかった。その直接の理由は、これが製作費のかかりすぎる作品だと考えられたからである。しかし製作費がかかってもそれを上回る興行収入が期待できるなら製作は可能だったと思うのだが、たぶん、日本人の良心の傷をあばく内容ではそれは期待できないということだったのであろう。全ての特攻隊ものの戦争映画がそうであるように、「男たちの大和　ＹＡＭＡＴＯ」では日本の軍人たちは敵に残虐行為などはしない。ただただ自分たちが死んでゆくだけである。敵に対して道徳的に卑劣なふるまいをしないだけでなく、愛すべき主人公たちがひたすら苦しんで死んでゆく姿には祖国に殉ずるという悲愴美すら匂う。これなら人々は喜んで見るのである。戦場での味方の日常化した卑劣で野卑で下賤なふるまいを日本の観客が喜んで見るはずはない、と製作者たちは判断したわけだが、この判断を間違っていたというのは容易なことではない。日本の憲兵の残虐行為に反抗した男をヒーローとする「人間の条件」の成功という前例はあるけれども、あの場合は主人公の梶には超人的なまでの美化がほどこされていた。「戦場の固き約束」でやはり日本軍に反抗して殺される小西一等兵は、正義の人ではあるけれども超人ではなく、梶のようなヒーローにはなりそうにない、という判断だったのだと思う。

このシナリオはのちに中国との合作企画に取りあげられ、木下惠介はその企画に情熱を傾けていた。しかし結局その企画は流れた。その原因の正確なところは分からないが、どうやら、日本兵に助けられた中国人たちが、死んだその日本兵のために葬いをしようとする、というところに、中国共産党の上部の人が納得しなかった、ということであるらしい。日本軍のなかにも良心的な兵士はいたかもしれないが、中国人がその日本兵のために葬いをやるなんてことはあるだろうか、あり得ない、あってはいけない、ということだったようだ。木下惠介としては、日本軍全体は悪であっても、そのなかの一兵士が中国人と固い友情で結ばれるということはあり得るし、その点を強調できないのならばこの映画を作る意味はないということで、脚本の改訂などの要請には応じず、それで企画全体が流れたということのようである。

映画人同士の間で行われる合作の企画がそんなふうにして政治の介入で流れるということは日本では考えられないことであるが、中国では大いにあり得ることである。

後年作られた日中合作映画の「チンパオ」は興味深い例である。中田新一監督のこの作品は、「戦場の固き約束」とおなじように、前線の日本軍部隊の日常化した略奪を描いている。農家から食糧を奪って食いつなぐということが殆ど正規の作戦の一部となって日常化しているのである。こうしてあるとき農家から一匹の牛を奪ってきた日本兵が、その家の子どもの兄妹から「牛を返してくれ」と執拗に追いかけられて、ついに牛を返してやるというストーリーである。

これを映画化するのに、シナリオの段階で中国側からは非常に多くのクレームがついたそうである。日本軍の行動と、それに対する中国人の行動についてである。こういうことはあり得ないとか、好ましくない、ということである。それをいちいちクリアするのにたいへんな協議が必要だったという。そこでもたとえば、日本軍の下級兵士に良心的な者がいたということは認めるにしても、軍曹というような階級に牛を返してくれる良心的な者がいたということは認められない、といったことが大きな問題になって長い長い討論が繰り返され、日本側はその多くを受け容れたという。それは、そうしなければ合作ができず、止むを得ず妥協した、ということであるよりは、あるいは長い討論に根負けして、ということであるよりも、やはり日本軍の非行で中国の民衆がどれだけ深い大きな傷を負ったかということに気づき、納得した結果であったという。軍隊内部の階級によって良心のあり方まできまるというのはあまりにも機械的ではないか、という疑問は残るし、中国人は日本兵のために葬いなどしないと頭からきめてかかるのでは合作はできないと、木下恵介のように断乎妥協を排することも十分理由のあることだと思うが、日中戦争における日本軍の行動の描き方については、被害者側である中国側の経験を十分尊重しないわけにはゆかないことは確かである。

なんといっても日本映画は、特攻隊の飛行士たちのように、自分が直接最前線で略奪や暴行、強姦、虐殺などをやる場には居合わせず、ただ犠牲になることだけを強いられた、いわば無垢で悲愴美さえ背負った勇者たちを描くことには熱心だったが、最前線で恥辱にまみれる行動をしてきた兵士たちのことは殆ど忘れている。よく知っているのは被害を受けた相手側である。

しかし、被害者意識的な反戦映画が主流だった日本の戦争映画にも近年変化が生じている。「チンパオ」はその一例で、実現しなかった木下恵介の「戦場の固き約束」の志にやっと曲がりなりにも形を与えるものだったと言えよう。ただし、一部で自主上映されただけであまり評判にはならなかった。

近年の松井稔監督の「リーベンクイズ　日本鬼子　日中15年戦争・元皇軍兵士の告白」は、かつて中国の戦場で相当な残虐行為をやった元日本軍の兵士たちがこもごも自分の体験を率直に語ったインタビュー映画として画期的で衝撃的である。すでにいずれも八十歳ぐらいになっている元兵士たちが、深い後悔の思いをこめて、もともとは普通の善良な人間であったはずの自分が、いかにして平気で残虐行為のやれる人間からさらには組織的な残虐行為を積極的に指揮しさえする人間に変わっていったかの経過を具体的に語る。これは単に戦争犯罪の記録としてだけでなく、そもそも人間とはいかなるものであり得るのかという記録として貴重である。しかしせっかくのこの貴重なドキュメンタリーは、公開はされたが見る人はごく少なかった。「男たちの大和」の大当たりとは比較にもならない。やはり恥の部分は見たくないということであろう。

もともとこれらの元兵士たちが多くの残虐行為にもかかわらず生きて日本に帰れたのは、彼らが敗戦時に中国共産党側の捕虜になり、共産党のナンバー2だった周恩来首相の方針で、処刑されるのでなく収容所で本気で自分の行為を懺悔する心境に達するまで教育、訓練、あるいは精神的な治療を受けたうえで釈放されたからである。それをいわゆる洗脳だと解釈する多くの日本人にとっては、そもそもそういう、いわば向こう側の人の話なんか聞いてやるものかということになるのかもしれない。

しかしわれわれは彼らが恥をしのんで正直に告白したことを無視することはできない。そしていつまでも戦争体験と言えば自分が手を汚すことなくただ受難だけを強いられた特攻隊についてばかりに涙しているわけにはゆかないだろう。

「リーベンクイズ　日本鬼子」を日本の観客はあまり見たがらなかったが、引き続き同じ傾向の作品は現れる。戦争体験の反省の仕方も少しずつは進化するのである。

新たに注目すべき作品としては池谷薫監督のドキュメンタリー「蟻の兵隊」がある。これは第二次大戦後にも中国の戦場で戦って、それ以前もそうであったように中国人民に対する残虐行為なども続けていた日本兵たちについてのドキュメンタリーである。

日中戦争が日本の敗北で終わった一九四五年八月に中国の山西省にいた約一万人の日本軍部隊は、この地方にいた中国国民党軍に投降したが、この地方の軍閥的な存在だった国民党軍の将軍閻錫山は、あらためて敵となった共産党軍との戦いのために日本軍を必要とし、日本軍の司令官と交渉して日本兵約二六〇〇人を残留させた。以後数年間、彼ら日本兵たちは国民党軍とともに日中戦争と同じように軍隊としての組織を維持して共産党軍と死闘を繰り返し続けた。

彼らの多くはこうして日中戦争の戦後に戦死し、あるいは捕虜になり、国民党が敗れて中華人民共和国が成立してから、生き残った者たちは中国共産党の人民解放軍にあらためて降服し、捕虜となって、順次帰国した。

彼らは日本軍の命令で日本軍として中国に残って共産党軍との戦いを続けていたつもりであった。しかし日本政府は彼らを、勝手に国民党系の中国軍閥の傭兵に志願して日本軍を離脱したものと見なし、軍人恩給などの対象外とした。彼らはそれを不服として政府に抗議し、裁判を起こしている。そしてそれは上官の命令による行動だったということの証拠あつめのために、奥村さんという元兵士が、かつてその戦場だったというところに旅をすることになる。「蟻の兵隊」はこの旅の記録である。

奥村さんは現地の役所や公文書館などの文書で重要なものをいくつも発見し、当時の日本軍の司令官がどんなふうに軍閥と取り引きしていたかについてなど、相当な程度まで明らかにすることができる。しかし奥村さんにはもっと知りたいことがある。それは、その戦闘の当時、自分は日本軍の兵士として中国人に対していかに残虐であったかということである。その残虐行為を支えていたのは傭兵意識どころか正に日本帝国陸軍の意識だったということである。さらにその意識は今日でも全く清算されているとは言えないのではないかということである。

奥村さんは現地に行き、証拠の資料捜しももちろんだが、当時を知る人々に会って話し合う。彼らの話によって日本軍と共産党軍とが相互にいかに激烈に勇敢に戦ったかが明らかになる。日本兵はこの戦争はアメリカに負けたのであって中国の国民党軍に負けたとは思っていなかった。司令官たちはここで日本軍を再建するのだと言い、そのために共産党軍と戦うのだと煽ったようだ。そこで彼らは、なかには「天皇陛下万歳！」と言って戦死する者もいるくらい、日本軍として共産党軍と戦っていた。いまから思えば荒唐無稽なようだが、そういう意識があり得たことは当時少年兵だった私には理解できるし、そんな意識が、以後の日本人の国際関係の見方に尾を引いていることをあらためて認めないわけにはゆかない。

奥村さんがいちばん知りたいのは、当時自分たちが上官の命令で訓練としてやらされた中国民衆の刺殺を誰か見ていた人はいないかということである。深く戦争を反省している元兵士として自分の罪を確認したいのであろう。当時の情況を知っている人が現れる。そこではじめて奥村さんが知ったことは、自分たちが殺した人々というのは国民党側の監視員でありながら共産党軍が攻めてくると抵抗しないで逃げた人々だったということである。

このことが分かると奥村さんの顔色が変わる。情況を説明してくれる中国人に喰ってかかるような口調になって、それでは彼らは処刑されても当然だったのではないか、といった意味の言葉を口走る。そして思わずそう言ってしまったことをあとで深く後悔する。敵なら殺す、敵に内通しているかもしれない者も殺して当然、という、当時の意識が甦ったのであろう。戦争では兵士はそうなる。このときの奥村さんの表情と態度は意図して撮れたものではないだろう。ドキュメンタリーならではの偶然である。偶然だがしかし、奥村さん自身とそれに協力してこの映画を撮っている池谷薫監督とスタッフの共通の関心が半ば必然的にこういう瞬間を導き出し、それをその場でキャッチし得たのであると思う。ドキュメンタリーはこのような瞬間を導き出すことで創造性を発揮する。日本軍の司令官が部下を閻錫山に売って逃亡したということを証拠だてるような奥村さんが捜している文書も地方の公文書館の協力を得て見つかるが、同時に日本兵たちがこの土地の中国人民衆にどんなに残酷にふるまったかを当時自分で告白した文書も出てくる。それを日本に持ち帰って一緒に訴訟している仲間に見せると、いまさらのように自分たち自身がどんなに鬼のような存在だったかということに驚くばかりである。

こうしてこの旅は、日本の旧軍を告発するためにはじめたものが、告発する本人自身の罪を白日にさらす自己批判の旅になり、同時に戦後日本人がなにを反省することなしに今日に到ったかを照らし出すものともなる。自分の罪と真剣に向き合う奥村さんが美しく、その真剣さを大きく受け止める中国の人々がさらに美しい。そして他方、反省など誰がするものかと言わんばかりの多くの人々。複雑で重層的な感銘が生じるゆえんである。

ヨーロッパでは第一次大戦の最前線でドイツとフランスとスコットランドの兵士たちがクリスマスのイヴと当日だけだが勝手に休戦して、ともに祝うという「戦場のアリア」のような作品が作られる。かつては敵同士でも、そういう映画を作って和解することが必要だという共通の認識がそこには成立している。アジアではそれは可能だろうか。いずれその可能性が成り立つためには、日本で「リーベンクイズ　日本鬼子」や「蟻の兵隊」がまず受け容れられるようになっていなければ無理であろう。

映画が描いた戦争1　「爆弾三勇士」

かつて日本では、戦争を煽る映画がたくさん作られたもので、その反響も大きい。とくに一九三二年（昭和七年）の上海事変の時がそうである。

ある戦闘で三人の日本の兵士が中国軍の鉄条網を破壊しに行って死んだ。誰もその現場を見ていた者はいないから本当のことは分からないのだが、これは爆弾を抱えて鉄条網に飛び込んだのだとその部隊の将校が言うと、日本中が驚きで騒然となった。そして一週間から一ヵ月の間に五本もの映画が作られ、公開されて、どれもが大当たりという国民的な熱狂を生み、引き続き次々とリメークされた。

その多くは零細なプロダクションが大急ぎで作った安物で、作品としては殆ど評価されていない。しかしそのヒットと観客の興奮が日本映画史上の一つの大きな事件で、社会的な影響も大きかったことは忘れてはならない。こういう勇士たちがいるから日本軍は無敵だと人々は信じ、軍人にはそれが、誰もが三勇士のようであるべきだという重いプレッシャーになった。

映画だけが戦争を煽ったわけではないが、この熱狂が太平洋戦争での特攻隊を生むことに影響しているとことは明らかだし、特攻隊はまた、今の中東の戦争での自爆攻撃に影響しているであろう。やはり上海事変のとき、空閑《くが》少佐という軍人の行動がやはり、四本、或《ある》いは七本の映画になっている。戦場で中国軍の捕虜になり、捕虜交換で帰されて来ると、部下たちが大勢戦死した場所に行って自決したのである。するとまるで軍神のように褒《ほ》め讃《たた》えられた。

かつて日本軍では、敵の捕虜になる兵士はいないということになっていた。だからもし捕虜になったらどうすればいいか、ということは何も教えなかった。しかし現実には、どんな勇士でもやむを得ず捕虜になることはあり得る。だから兵士たちは、そんなときにはどうしようかと密《ひそ》かに悩んだものである。

空閑少佐の事件は、その悩みに、自決すればいいのだ、と明快すぎる答を出したようなものだった。そうしなければ国賊とか非国民とか言われて郷里の家族まで迫害される恐れのあったものが、そうすれば忽《たちま》ち軍神とも呼ばれて映画で仰ぎ見られることになる。

太平洋戦争の末期には多くの日本兵が集団自決したし、それがサイパン島や沖縄では民間人にも要求されたり期待されたりした。そしてその場合、民間人の集団自決には軍の命令があったとか、いや命令はしていないとか議論になった。

日本兵の集団自決は中国人にも奇異に思えたらしい。一九八七年の中国映画「晩鐘」は、終戦後も各地に残っている日本兵の小部隊に降伏を呼びかけてまわる中国兵たちの話である。

そんな任務を帯びた彼らがいちばん困るのは、うっかりしていると日本兵たちがすぐ集団自殺してしまうことである。そんなやたらと死にたがる厄介者の集団のように描かれた、中国人の演じる日本兵たちの姿を見て、私はただ撫然《ぶぜん》とせざるを得なかった。

映画が描いた戦争2　亀井文夫監督「戦ふ兵隊」

軍国主義の時代には、当時多くの国民がそうだったように、映画人たちも戦争には協力的で、好戦的な戦争映画がずいぶん作られた。

しかし、一本だけ例外があった。一九三九年（昭和十四年）の東宝の亀井文夫監督のドキュメンタリー作品「戦ふ兵隊」である。中国戦線での日本兵たちを撮ったこの作品は完成して試写会も行なわれ、雑誌には批評まで出て傑作だと評判だった。

例えばある村から日本軍が他の地方に転戦して去って行くと、すぐに村を離れていた中国農民たちが戻ってきて作業をはじめる場面など、戦後の批評では、日本軍は広大な中国大陸をただ転々と移動しているだけで、農民を支配することはついに出来ない、ということを、分かる人には分かるようなやり方で示して、さりげなく軍を批判していると解釈され、日本映画の古典になっている。

ところがこの作品は、完成当時は、突然理由も示されずに公開取りやめになったのだった。

既に試写会で見ていた批評家たちは、これが前線の兵隊たちの苦労で疲れ果てた姿などばかりを念入りに撮った内容だと分かっていたので、そのために軍の検閲で上映禁止になったのに違いないと考え、それが定説として語り伝えられた。

しかし実は私が後年、当時の東宝の製作責任者だった森岩雄に聞いた話では違うのである。作品を軍の検閲に提出すると担当者から内密の連絡があった。この作品では、一介の民間人である映画監督が、天皇の軍隊を勝手に指揮して動かしていて統帥権干犯の疑いがあると問題になっている。それで軍法会議にかけるなどということになると厄介だから作品を取り下げにした方がいいと言われた。だから未完成作品だったとして取り下げたのだ、と。

わたしははじめその意味がよく分らなかった。当時は戦意高揚映画では勿論《もちろん》、ニュース映画でさえ監督が兵隊を勇ましく演出するヤラセは常識だったからだ。

のちにＤＶＤで繰り返し見てやっと分かった。この作品の中に「前線の小隊本部」と題された十分ほどの場面がある。声がよく聞き取れないのであるが、日本軍の小隊が優勢な中国軍の猛反撃でついにそこから撤退する様子に違いない。

出演した小隊が実際に経験したことで、再現して貰《もら》ったと亀井監督から私は聞いている。つまりヤラセである。このヤラセの是非は当時も議論になっていたが、彼はどうしても伝えるべき真実のためならヤラセもあえてやるという考え方だった。当時国民がそう教えられていたように日本軍は無敵では決してないということを、彼はなんとしても描き込みたかったのだ。分かる人にだけ分かればいいとわざと録音も不備にしたのかもしれない。

それを見破って激怒した軍人の検閲官は、無益な戦闘を避けたらしい小隊の動きが演出であることに怒ったのだ。四年後にガダルカナル島での日本軍の退却を転進と言い換えたように、軍の報道官の考えでは日本軍には絶対に退却や優勢な敵を避けるような行動はあり得ず、ましてや映画監督の演出でそう表現するなど許せないことだったのだ。

しばらくあとに亀井文夫は特高警察に逮捕されて、太平洋戦争の直前に約一年間、都内の各地の警察の留置場をたらい回しされ、正式の裁判なしに釈放された。

終戦の知らせをラジオで知ったときには彼は食べかけの昼飯の茶碗《ちゃわん》を天井に放り上げて喜んだそうである。そんな日本人もいたのだ。

日本映画界は、こんな反戦映画を一本だけは作れた。一本だけでも作れたことは日本映画の誇りだが、そんな勇気のある人が一人しかいなかったというのは、やはり恥ずかしい。

映画が描いた戦争3　木下恵介監督「二十四の瞳」

「二十四の瞳」（一九五四）には戦場の場面は出てこない。だから戦争映画ではないとも思うが、今日の戦争は前線の兵士だけでなく国を挙げての総力戦である、ということで、いわゆる銃後の様子だけを描いたこの作品もここに取りあげたい。

それと、七十年前に終わった戦争を一九四一年の真珠湾攻撃ではじまったものだと思っている人が少なくないのだが、私は一九三一年の満州事変からはじまったと考える。満州事変以後も日中戦争まではしばらく平和だったという考え方もあるが、実はその間にも満州では中国義勇兵のゲリラ活動はあった。それを日本軍は匪賊《ひぞく》と呼んでいたが、軍隊が討伐出動していたゲリラ戦だった。ゲリラのテロ活動が戦争に直結することは今の中東の状況で分かる。

やがて日本はアメリカから、中国からの撤兵を迫られ、中国から撤兵するよりはとアメリカと開戦した。

「二十四の瞳」は満州事変の直前の頃から、太平洋戦争の終決までを一貫して軍国主義の進行した時代として描いた作品である。昭和三年（一九二八年）に瀬戸内海の小豆島の小学校の岬の分校に赴任した大石先生は、そこで十二名の新入生に出逢い、まるで本当の優しいお姉さんのように皆から慕われる間柄になる。貧しいがしかし楽園のような分校の日々が素晴らしい。

この子たちが五年生になって本校に移ると様子が変わってくる。校長先生が教育の内容を警戒するようになるし、男の子たちは軍人に憧れる。軍国主義教育が嫌な大石先生は教師を辞めて主婦になるが、あとは教え子たちの辛い人生を知っては涙するばかり。

そして敗戦。夫も戦死して彼女は生活のために再び岬の分校の先生になる。そこで昔の教え子たちの子たちに会っては泣き、教え子の男の半分が戦死していることでまた泣いて、とうとう生徒たちから「泣きみそ先生」と渾名《あだな》されてしまう。

この映画は公開されると大ヒットになって日本中を泣かせた。「文部大臣も泣いた」という文句が宣伝に使われたが、占領が終わって日本が独立を回復し、再軍備の是非が一番大きな政治問題だった時期だけに、戦争の惨禍を訴えたこの映画は、もう戦争だけは嫌だという国民的合意のシンボルのような作品となった。

批評も良く、日本映画史上の名作の一つに数えられている。しかし私には、この作品はいかにも感傷的で、被害者意識だけで出来ているように思えた。大石先生の教え子たちはどんな兵士になったものだろうか。

当時日本は中国とは国交がなかったが、この作品は日本映画祭で特別に上映されている。私は後年知り合った中国のベテランの映画監督の謝晋から、そのときこの映画を見て深く感動して、一冊ノートをとって研究したものだと言われて、すこし考えが変わった。

中国の周恩来首相は、日本の軍国主義者たちと、一般民衆とは区別しなければならないと言った。日本の民衆も軍国主義の犠牲者なのだから。そう言って一般日本人を敵視することを戒めたのである。「二十四の瞳」でそれがとてもよく分かる。だから良い映画だ、と謝晋は言う。

木下惠介は兵士として中国で戦っている。のちにその経験を盛り込んで日本軍を痛烈に批判したシナリオを書いて映画にしようとした。

これは日本では制作費がかかりすぎるという理由で実現せず、のちに中国との合作の話が進んだが、中国人の描き方について中国側の同意を得られず、やはり実現しなかった。残念である。

戦った国の間の合作で優れた映画が作れるようになってこそ相互の理解は本物と言えるだろうから。

「汝の敵日本を知れ」

かつて第二次大戦中に、有名な喜劇映画監督のフランク・キャプラを責任者にして、アメリカ政府がこの戦争の遂行に必要な国民教育のための一連の映画を作ったことがある。その一本に「汝の敵日本を知れ」（一九四五）という作品がある。

これは大変変わった映画で、じつは内容はすべて日本映画なのである。アメリカには古くからロサンゼルスやハワイに日本人移民が見に行く日本映画専門館があった。そういうところから押収されたフィルムなのだろうが、シーンごとにバラバラにして、例えば日本人がやたらとていねいにおじぎを繰り返している場面ばかり何十カットも集めて継いで見せる。非常にたくさんあるので、見ていてなんだか、日本人てじつにおじぎが好きだなあ、と思えてくる。

そんな頃合いを見計るようにして英語の解説が入るのである。「日本人はおじぎが大好きだ。なぜなら彼らは権威が大好きだからだ」というふうに。

こんなふうにして日本人の特徴的な性格や行動様式と考えられるものをつぎつぎと列挙していく。なかにはやくざの集団的な喧嘩《けんか》の場面を戦国時代の合戦だなどと説明していたりして、アラさがしをすることもできるが、この、おじぎ好きを権威主義と解釈したところなどは私は見ていて痛いところをグサリと刺されたと思ってゆううつになったほどだ。

本当に権威を崇拝したからこそ、お前たちの行動は天皇のお耳に達しているぞ、などと言われれば、本当ですか、でも作戦としては疑問があります、などとは決して言わないで特攻隊は出撃していった。

この「汝の敵日本を知れ」は、出来上がるとすぐ終戦になり、いまさらということで結局公開はされずに終わったのだが、この映画づくりの土台には戦後に日本人研究の名著として日本でベストセラーになる文化人類学者ルース・ベネディクトの『菊と刀』などの研究がある。これらはいずれもアメリカ政府の政策の一環として行われていたので、戦後のアメリカによる日本占領の基本方針にも何らかの影響を及ぼしている。

敗戦のとき十四歳で、少年飛行兵として訓練を受けていた私が驚いたのは、本土決戦だの一億総特攻だのとあれほど勇ましいことを言っていたわれわれ日本人が、殆ど暴動ひとつ、叛乱《はんらん》ひとつ、抗戦ひとつなしにあっさり降服を受け容れたことである。私自身、あ、助かった、と不安ながらも大筋では安心したものだ。どうやら私なども、少年飛行兵に行けばいずれ特攻隊志願を強要されることになると脅えながら、時代の流れには逆らうことはできないような気分で志願したのだが、どうやらあれはニセのヒロイズムだったみたい。

このニセのヒロイズムがこわいのは、いちど「ハイ、お国のために命を捧げます」みたいなキマリ文句を教師などの誘導訊問《じんもん》でつい言ってしまうと、「あ、あれは習慣でうっかり言ってみただけなんです」と言って取り消すことのできない周囲の眼ができてしまうことである。誰もが多かれ少なかれ、そんなキマリ文句を言って、それで周囲からの視線で縛られて困っていた。終戦の天皇の御詔勅というのは、私の感じかたからすれば、ああ、それはもう気にしなくていい、という合図のようなものだった。みんなそうだったと思う。もう、日常のおじぎのような儀礼の文句に過ぎない「本土決戦」だの「一億玉砕」だのというニセのヒロイズムに本気で身をまかせる必要はなくなったのだ。

ニセのヒロイズムから解放されて嬉《うれ》しかった。しかし、嬉しい！ と大声で言うことは自分の愚かさに気付くことで恥ずかしいことでもあった。だからみんな、黙々としていて、とても素直でさえもあったのだ。

「母べえ」

山田洋次監督の「母べえ」は、日本映画の近来の秀作である。庶民的な日常生活を笑いと涙を過不足なく盛り込みながら面白く描く、そういう普通の日本映画のひとつの良質のパターンをふまえて念入りに作られている。

普通と違うとすれば、それはこれが良きエンターテインメント作品であると同時にすぐれた社会派映画でもあるということである。

原作は野上照代の少女時代の回想である。野上さんは「羅生門」以来の黒澤明の作品の殆どに、主としてスクリプターとして付き、のちには監督補として働いて、黒澤明に最も信頼されたスタッフのひとりだった。だから私も仕事の上でのつきあいがあって、以前からよく知っていた。映画が彼女の少女時代をどれだけ忠実に再現したものなのかどうかは知らないが、野上照美という小学生が登場人物のひとりとして現れるので、これを野上さんの少女時代として見ていいのだろう。

映画に描かれているのは、主として昭和十五、十六年の東京のどこかの住宅地で暮らしている野上家という一家の日々である。住宅地といってもお屋敷町ではなく、つましい家々がごちゃごちゃ建ち並んでいる一画であり、かといって山田洋次監督の「男はつらいよ」シリーズで有名になった葛飾柴又の門前町のように古くからの下町文化の伝統が濃縮されてつまっているような場でもない。小さな店と住宅とが雑然と入りまじっている街である。

美術は「男はつらいよ」シリーズの途中から山田洋次作品をずっと手掛けている出川三男が担当しているが、この街の風情には重要な意味があると思う。

というのは、この映画において描かれるストーリーは、そこが隣近所の人間関係に緊密な連帯感のある伝統的な下町か、それとも、「隣りは何をする人ぞ」式に近隣のつながりが失われている現代的な住宅地かで、違ってくるはずだからである。

野上家は路地を入っていったところにある和室二間に台所という小さな家である。夫婦に子ども二人の核家族だ。夫の野上滋（坂東三津五郎）は大学でドイツ語の講師をしたこともある文筆家で、軍国主義の時代の思潮に批判的なために、論文など検閲で削られてばかりいるから生活も楽ではないようだ。しかし妻の佳代（吉永小百合）は夫のそういう思想的立場に十分の理解を持っていて、愚痴ひとつこぼさず、いつもニコニコ、大丈夫という感じで夫を支え、二人の女の子を温かく育てている。

少し理想化されすぎた立派な母のパターンかな、と思わないでもないけれど、これはリアリズムに徹する芸術映画ではない。ある程度の人物の理想化、類型化なしでは成り立たない大衆映画であり、これを演じるのが長年ただひたすら理想化された女性像だけを演じてきた吉永小百合であればむしろ当然である。

問題はそれがわざとらしく不自然に見えるものであるか、こうでなくちゃあと思わせるだけの充実感のあるパターンになり得ているか、という違いだけである。吉永小百合は前の「北の零年」ではわざとらしいという否定的な声が多かったようであるが、こんどはたぶん、こういう理想像をこそ見たかったのだと言われるであろう。

長女の初子（志田未来）はしっかり者。次女の照美（佐藤未来）は甘えん坊。両親と四人でまことに和気あいあいとした暮らしをしている。

そのなごやかさをきわだてることのひとつに、家族みんなが互いに対等の愛称で呼びあっているということがある。お父さんは父（とお）べえ、お母さんは母（かあ）べえ、長女は初べえで次女は照（てる）べえである。まあ、人前では使えない家族うちだけでじゃれ合っているような愛称であるが、ただ仲のいい親子だという以上に、親だからといって権威を誇示することは避ける、言うなれば民主主義的な意識をはっきり言葉にして使っている家庭だ、と大げさに言えないこともない。

この一家を、ある夜とつぜん災厄が襲う。小さなチャブ台を囲んで一家団らんをしているところに、警官が数人、土足でズカズカ入ってきて、子どもたちの目の前で父べえを縛って連れてゆくのである。罪名は治安維持法違反容疑。その前後の場面のセリフなどで、彼は政治批判、日中戦争批判の言動で警察からは睨まれていたらしいことが明かされている。

この作品のねらいはあくまで、夫を思想犯として連れ去られたあと、妻がどうやって子どもたちを守ったかというところにあるので、このあとの父べえの獄中での悲愴な戦いについての描写は必要最小限にとどめられ、家での母べえの活躍を主として描いてゆく。

獄中をのぞき見ることができない小学生だった照べえの回想だから当然そうなるのだが、おかげでこの映画は、父べえの悲劇を重い背景にしながら、見た目はあくまで、模範的なまでに明るいホームドラマである。しかしそれは、こんな思想弾圧に負けるものか、父べえが悪い人でなんかあるものか、だから私たちはいじけたりはしない！　という心意気に支えられたものである。だからこの明るさを、きれいごととしてでなく、がんばれ！　と共感しながら支持する気持で見ることができる。

ただ、現実の問題として、当時の日本の社会では反戦、反軍、反政府などの思想の持主は国賊扱いされていたから、現に警察でまだ裁判も受けていないうちからひどい取り扱いをされている父べえだけでなく、留守宅の家族たちだって近隣や職場から迫害されるということがおおいにあり得る。

じっさいに地方で警察署長だったという父べえの父親などはあわててやってきて、父べえが警察で早く転向書を書くようにと母べえに圧力をかける。転向声明を書いて認められさえすれば、思想犯はすぐ釈放されるものだったからである。しかし母べえはその頼みをきっぱりとはね返す。警察で父べえはひどい扱いを受けている。そして死ぬまで反戦の信念は変えない。

その根幹のストーリーは悲愴で崇高美さえある暗いドラマなのだが、主として画面を占めているのは嬉々としてふるまう子どもたちと、しばしば滑稽でさえある大人たちとの明るいホームドラマである。涙と笑いがじつに鮮やかに交錯するのである。

さすが喜劇の名人の山田洋次監督だ。悲劇的な物語であるにもかかわらずじつによく笑えるし、そのことがこの作品の良さになっている。

その明るさが、母べえの父べえへの思想に対する信頼の強さから発するものであることは言うまでもないのであるが、しかし、もしこの物語の場が、父べえの父親が警察署長をしている田舎かなにかであったとしたら、こんなふうにはゆかなかっただろう。同じように圧力をかけてくるのは父親だけでなく親戚の誰彼にふえるだろうし、その地域が緊密な共同体であればあるほど、国家にたてつくような思想犯は共同体の中では許し難い異物として迫害される怖れが大きい。父べえの思想の正しさを信じる母べえは、そこでも毅然としてふるまうではあろうが、それはどうしても悲愴な抵抗となり、この映画のように父べえの父親を困った俗物として笑い者にするというわけにはゆかなかっただろう。

話は脇道にそれるが、黒澤明監督が敗戦の翌年の一九四六年に作った「わが青春に悔なし」という映画がある。戦争中に反戦活動をして逮捕されて獄中で死んだ男と、その残された妻の物語である。男のモデルは戦争中にゾルゲ・スパイ・グループの有力な一員として日本政府の機密情報をソビエトに送って死刑になった尾崎秀実である。

しかし物語の重点は彼よりもむしろ、彼の妻におかれている。夫の死後、彼女は夫が唯一心残りだと言っていた彼の田舎の両親のところへ行く。そしてスパイの家として村中から非難をあびている舅と姑を助けて、農家の嫁として農作業にうちこむ。京都大学の有力な教授のお嬢さんとしてピアノなどを弾きながら優雅に育った女性が一転して泥にまみれて田んぼで労働をするのである。

私はこの映画を十六歳で見て深く感動した。映画としてもなかなかの力作だったが、それ以上に、あの戦争の時代に戦争に反対して活動している人がいたということに感動したのである。

私は戦争中には十代の少年だったが、私が知ることができる範囲では、この戦争には反対だと言う人はひとりもいなかった。少しはいても黙っていたのだろうが、その気配も感じなかったものである。戦争に熱心に協力する人と、うまくサボッて適当にやっている人との差はもちろんあったが、それはそれだけのことだった。だから私は、日本は正義の戦争をしているのだという政府や軍やマスコミや学校の言っていることを疑いもしなかった。

ところが敗戦になると、新聞もラジオも手のひらを返したようにこの戦争は悪しき侵略戦争だったと言い、日本軍のやったことの実態がどんなに非道なものだったかを暴露しつづけた。これは事実にもとづくものだっただけに私は納得しないわけにはゆかなかったし、納得すればこんどは、ではなぜ、大人たちはあの戦争に反対してくれなかったのか、ということが大きな疑問になった。

もちろん警察や憲兵が反戦的な言動を厳しく取り締っていたことはよく知っていたし、戦争反対を主張した共産主義者たちが少数、刑務所に入れられていたことも知っていたが、それはほんの一部である。いったい日本には、他に戦争に反対した大人はいなかったのか、日本人はみんなそれほどバカだったのか、と、目覚めた少年としてはしきりと考え込んでいたわけである。

だからスパイ事件に連座して刑死した尾崎秀実が獄中から妻にあてた手紙を集めた『愛情はふる星のごとく』が出版されたとき、私はすぐ買って読んで、この人が単なるスパイではなく、戦争反対の強い意志を持って日本政府の戦略上の秘密を、彼が平和勢力だと信じていたソビエトに知らせたのだと知って感銘を受けたのである。ソビエトが平和勢力だったかということは当時でも疑問だったけれども、少なくとも戦争反対の信念に殉じて死んだ大人がいたということは、日本人はみんなバカだったというわけでもなかったということで、少年の私には大きな救いだった。

というわけで、この尾崎秀実をモデルにした黒澤明の映画「わが青春に悔なし」には大いに関心を持ち、早速映画館にかけつけて見た。そして、反戦活動家の男を演じているのが、戦争中の愛国的な戦争映画でいつもニッコリ笑って死地に向ってゆく英雄的な日本軍の将校を演じていて人気のあった藤田進であることにはなんとも言えない違和感を持ったけれども、この男の田舎に行って農家の嫁として泥にまみれて働くヒロインを、当時、品のいい都会的なお嬢さんタイプのスターとして人気絶頂だった原節子が演じていたのには大いに満足したものである。

とくに、夫の学生運動時代の仲間でいまは転向して検事になっている人物が、田舎に彼女を訪ねてきて、農婦となって働いている彼女に出会ってびっくりして、京都の実家に帰るようにすすめる場面は忘れ難い。

そのとき彼女は彼を冷たく見返して、一見みじめに見えるかもしれない自分のほうがいずれ思想的な勝者になるであろうと宣言するのである。そのときの原節子の取りつく島もないような冷たい表情の美しさと、検事を演じた河野秋武の、うちのめされたような表情は激しく私の胸を打ち、忘れられないものとなった。

そこで私は、その感激をさらに深くしたいと思って、手に入るかぎりこの映画の批評を読んだ。私が映画批評というものを熱心に読んだ最初の経験だったと思う。

しかしそのとき、私は意外なことを発見した。多くの批評で、この原節子はエキセントリックでありすぎるし、戦争中にはこんな女性はいなかった、と書かれていたからである。私がうっとりと見つめて心を救われた思いをしたあの演技は嘘だというのだ。彼女はそのエキセントリックな性格のために自分で苦労をまねいているにすぎない、とさえ書かれている。

それらの批評に私は強い不満を持った。こんなふうに反戦思想のために闘った女性はいなかった、と言われれば、たぶん現実はそうだったろう、と思うしかない。しかし、まだ知られていないだけで現実にそんな女性もいたのではないかという思いも捨てきれない。また、彼女はエキセントリックすぎるという批評に対しては、そうかもしれないが、周囲の村人の全てが迫害者であるような状況では、よほどエキセントリックな性格ででもなければ、それと勇敢に闘うことなんかできなかっただろうと考えることはできないか。彼女を奇矯だというのは、ただおとなしくしていただけの自分たちの自己弁護ではないか。そのとき私はそんなふうに考えて、以後、これらの問いは私にとって映画批評とはなにかを考える重要な命題の一部になっている。

話が脇道にそれたが、じつはこんどの映画「母べえ」は、私にとっては六十年前に私の心に刻まれたこの二つの問いに対する答という内容を持っている。戦争反対の信念を保ちながら戦時下の時代を生きていた女性は、ほら、このとおり確かにいたのである。そのことがまず嬉しい。

「母べえ」における父べえの反戦的言動は、どうやら検事が期待するような転向書、つまり反省文を書きさえすれば釈放されるという程度の、いわゆるアカの容疑なので、尾崎秀実のスパイ容疑に較べればよほど軽い。当時はそういう人は少なくなかったので、家の近所の人たちもとくにそれを話題にしたり迫害したりはしない。だから吉永小百合の母べえとしても、敢然と闘うというような構えはみせず、逆になるべくトラブルなどを起さないよう、近隣の人々とは笑顔で腰を低くしてつきあう。だから「わが青春に悔なし」の原節子のヒロインのように、姿を見せずに迫害してくる村人たちにまなじりを決して睨み返して批評家たちの神経を逆なでする演技はしないですむ。

しかし東京の住宅地だったからそれでなんとかなったのであって、先にも述べたように、父べえの父親が警察署長をしていたというような田舎だったらそうもゆかなかったのではないか。共同体的なあり方がしっかりしている田舎は、思想的にも異分子には厳しいから、ただ腰を低くして当りさわりのないように気を配っているだけではすまなかったであろう。もっと深刻な局面があり得たであろう。

そういう深刻さが乏しいから「母べえ」はつまらないというのではない。むしろ逆である。われわれは共同体的な社会の中で個人が自分の信念を貫くことの難しさについては六十年前の「わが青春に悔なし」が強烈に表現してみせてくれたようによく知っているのである。むしろ「母べえ」の一家が夫を思想犯として捕えられていても近隣の社会からとくに迫害されることなく暮らせたということを知って嬉しくて驚いているのである。さすが東京だ、大都会だ、それだけ近代化していたのだ、と思うのである。

私がこの小論のはじめに、この一家の住む町が伝統的な風情のある下町でもなく、また静かなおちついた高級住宅地でもなくて、店屋や小住宅が雑然と入りまじった町であるということに注目した理由はそこにある。ここは近隣がみんな子どもの頃からの知り合いであるような共同体でもなければ、「隣りは何をする人ぞ」式に相互に無関心な人々がただ寄り集っているだけのところでもない。人々はなにかとお喋りくらいはするし、適度の連帯感はある。

母べえが夫の逮捕で困っていることを知ると、隣組の組長にまつりあげられている近所の炭屋の親父さんが小学校の代用教員の仕事を世話してくれる。この親父さんは隣組の会合では母べえがトラブルに巻き込まれたりしないように気を遣ってくれていたりするから、母べえの存在が近隣の迫害を引き起す危険性が全くないわけではない。しかし気を遣っていさえすれば近隣の人々もあえて難しい問題を起そうとはしないし、なかにはこの親父さんのように逆に気を遣ってくれる人もいる。この親父さんが、ふだんは半可通の軍国主義的な情報を得々とふりまわしていたりする人であるあたりがとても面白い。

いずれにしろ、しめつけのきついムラ的な共同体と、今日広く見られる砂のように無機質で連帯感の失われた都市との中間に、「母べえ」のこの町のような庶民的な人情と近代的な自由さとが適度に生きている社会があり得たということはなんと嬉しいことだろう。

映画「母べえ」の良さは、まず第一に夫を思想犯として連れ去られた家を見事に守りぬいた母親の立派さを讃えるというところにあるが、じつはそれ以上に重要な主題は、この一家を守ることに協力した人たちや、それなりに気を遣ってくれた人たちが他にもずいぶんいたということである。日本中が戦争遂行の熱で燃えたって正気を失っていたかに見えるあの時期、国家主義と共同体のしめつけで個人の自由な人情のながれなど堰き止められてしまっていたかと思われていたけれども、東京の下町では、人々は大きなながれとしては大勢に順応しながら、しかし個々にはそれぞれ、けっこう自由に隣人との人情を保っていた。そんなことが、この映画ではじめてくっきりと描き出されたことがなによりも素晴らしい。

すでに述べた炭屋の親父さんの親切がその一例である。

父べえの教え子のひとりに山崎君、通称を山ちゃんという青年がいて、恩師の逮捕を聞いて早速かけつけて男手のなくなったこの家族のために、なにかと献身的に働いてくれる。浅野忠信がこれを演じて、殆ど副主人公と言っていい存在である。軍国主義の深みに落ちこんでゆくいっぽうの時代のながれにははっきり批判的な立場を持っていて、だからこそ逮捕されている恩師の留守家族をけんめいに守ってくれるのだが、そういう真面目で聡明な人物であるにしてはどこか抜けたところがあって、いくつかの場面で喜劇の主人公のような存在になるというあたりが、まじめな喜劇の名手としての山田洋次作品ならではの面白さである。また軍国主義に抵抗した平和主義のヒーローのような人物を、こうしてむしろ一見頼りなく滑稽でさえもある好人物として描くところに、山田洋次監督の映画作家としての成熟した高い水準を見ることができる。

親族の間で持て余し者になっている奈良のおじさんという人がやってきてしばらく図々しく居候をきめこんで、その下品な言動で純情な娘たちを困らせるという喜劇的な趣向も盛り込まれている。しかしこの厄介者にもいいところがある。街角で軍国主義の尖兵となった怖いおばさんたちが、ちょっとお洒落な服装をしている若い通行人などを盛り場の街頭で呼びとめては「ぜいたくはよしましょう!」といびっているると、彼は通行人の女性たちの味方をしておばさんたちに食ってかかる。演じるのは笑福亭鶴瓶で、まあルーティンのお笑いだが、そういうお笑いの一場が大まじめな全体のストーリーの流れの中で、いわゆる庶民の抵抗のはかなさとしてくっきりと印象づけられる。それはいかにもはかないが、しかし、軍国主義の熱狂もついに庶民的良識のすべてを圧殺しつくすことはできなかったことの証しであり、こういう一見頼りにならないけれども正義の人情を保っている人たちがけっこう少なくなかったのだということを誇らしく納得させてくれる。

父べえの父親の元警察署長が母べえと照べえを警察御用達の料理屋に呼んで、もう容易に食べられなくなっていたすき焼きを食べさせながら父べえを転向させるようにうながす。母べえがきっぱりことわると父べえの父親は怒り狂う。

この父親を中村梅之助が演じて、その怒りがじつは自分の保身のためだけであることと、彼がじつは非常にケチで下品な人間であることを滑稽なまでにさらけ出してやはり大いに笑わせる。それだけなら単純に権力者やその手先をからかう型どおりの諷刺であるが、この父の傍には左時枝の演じる父の新しい女がいて、一見飲み屋のおかみふうで品のない女なのだが、自分の男のふるまいが幼い照べえの心を傷つけないようにと、なにかと気を遣って動きまわる。

中村梅之助と左時枝の、二人の演技の組み合わせが絶妙で、母べえの立派さ対権力側の人間の滑稽さ、という反体制喜劇の定式を超えた複雑な味わいがそこに生じている。体制と反体制の対立なんかよりも、幼い子の心を大事にしよう、という正に庶民的良識の枠のようなものがそこに漂うからである。

こうして「母べえ」は、かつて黒澤明の「わが青春に悔なし」がひき起した、はたして戦争反対の信念を貫いた女性などあの戦争中にいただろうか、という問題に、六十年後にしてようやく納得のゆくひとつの解答を出してくれた。そういう女性はいた。しかも、そういう女性が見るからに悲愴なエキセントリックな態度にならなくてすむように、温かく柔らかい人情の環で護ってあげることさえ、都会のどこかでは可能だったということだ。

これが実話だったということは、日本の社会にもいいところがあるなあという希望を持たせてくれる。これを書いたのが黒澤明に長年協力してきた野上照代だったこともなにかの縁であろう。

戦後長く、日本の社会のムラ的な共同体の封建性が諸悪のもとであるように論じられていたことがあり、いまでは逆に共同体的な助け合いが崩壊したことこそが危機だと言われることが多い。「母べえ」が示しているのはそのどちらでもなく、個人の自由を何気なく守っている情味のある町である。これは現実そのものか、山田洋次の創造か。創造だとしても、それは素晴らしい可能性である。

第三章　怪異の世界

映画のなかの妖怪変化――「狸御殿」から「寄生獣」へ――

映画には現実には存在しない生き物がしばしば登場する。怪獣がそうであるし、化け物がそうだし、古い伝説から受け継いだものも、映像でこそ生み出されたものもある。

日本に限って言えば、化けることができる動物としての狐や狸があり、巨大な蛇としてのおろちがある。中国の龍とヨーロッパのドラゴンと、それに日本のおろちとはどこかで関連があると思うが、私には分からない。まあ妖怪にはあまり国籍はないように思う。

ただ実体の明らかでない存在を想像であれこれいじるのだから、似ていたり、似ていなかったりはするだろう。アイデアの国際交流も多い。

しかし人間に変身できる動物としての狐と狸という日本人の想像力のあり方は、人間を万物の霊長として他の生物と厳密に区別する一神教世界の文化とはどこか微妙な違いがあるかもしれない。だとすると、日本映画における狐と狸の扱い方にはそれを反映した独自のものはあるだろうか。

一口に狐狸と言っても、狐はずるくて悪意があり、狸は愚かで無邪気な傾向があるというふうに言われており、狸のほうが比較的にではあるが好んでとりあげられる。劇映画では戦前に木村恵吾監督の「狸御殿」（新興キネマ　一九三九）があり、戦後にはアニメーションだが高畑勲監督の「平成狸合戦ぽんぽこ」（一九九四）がある。

前者は四国の阿波の民話にある狸の群の歌合戦を俳優が演じ、森の中の狸の城を舞台としたミュージカルショーである。後者は宅地開発でどんどん林が切り開かれてゆく現代の東京郊外の多摩地区を舞台にしたものである。このまま開発が進めば自分たちが住んできた林がなくなり、住めなくなるからということで、狸たちが会議を開いて、化ける技術を使って人間たちを怖がらせ、開発をあきらめさせようと、あの手この手の努力をする。

他に動物の妖怪の日本独自のものとしては、戦中戦後にひとしきり流行した化け猫ものを無視するわけにはゆかない。主人を殺された猫が、猫の妖怪となって主人の敵に復讐するという一群の怪談である。怪談は世界中にあるが、日本の怪談は殺された弱者が、幽霊となって加害者に復讐するという倫理性を持つという点がユニークであり、化け猫の復讐物語という形をとる化け猫ものはやはり日本独特の物語形式であると言わなければならない。

いま妖怪映画がもっとも数多く作られているのは、タイ、インドネシア、カンボジア、マレーシアなどの東南アジア諸国であり、そこでは特定の妖怪変化によるおきまりの映画の他、新しく工夫された突飛な奇々怪々な妖怪を見かけることが多い。

だから、ここにはこういう妖怪がある、ここにはまた別なものがあるというふうにはとても言えないのであるが、概して言えば西洋の妖怪は基本的に邪悪であり、日本の妖怪は邪悪なものもあるけれども、むしろ善良であったり、化け猫のように人間に代わって復讐をするというような、善良とまでは言えなくても、まあ超能力的なものを持った人間、ぐらいのものが多いところに特徴があると思う。

イスラム社会のことは私にはよく分からないのであるが、おなじ一神教であるキリスト教の社会では、超能力的な世界を支配しているのは神と悪魔である筈である。だとすると、超自然の良いことは全て神のなし給うことであり、超自然の悪いことは全て悪魔の仕業だということになるのではないか。

しかし八百万（ヤオヨロズ）の神々の国である日本の場合は、神とも悪魔とも分類できないじつに多様な妖怪変化の存在が可能になる。

一例をあげれば「ドラえもん」である。

ドラえもんは人間でもなく動物でもなく、もちろん神でも悪魔でもなく、幽霊でも幻想でもなく、分類すればどうしても妖怪の一種になるが、妖怪にしては気味の悪さがない。じゃあ、変化と呼ぶことにするか。化け猫だとまあ、正義を行う悪魔とでも言いたくなるのであるが、ドラえもんはやることなすこと神に近い。ただよく失敗するし、喜怒哀楽は人間なみである。

じゃあ、安っぽい神とか出来損ないの神ということにするか。しかしキリスト教にしろユダヤ教にしろイスラム教にしろ、一神教には安物の神様などという観念の成り立つ余地はないはずである。

ところが、われわれヤオヨロズの神々の国の人間には、安っぽい神様というイメージを思い浮かべる自由は許されているのだ。

以前ベトナムに行ったとき、ハノイでもホーチミンでも、街の書店という書店に海賊版の「ドラえもん」があふれているのを見て驚いたことがある。ベトナムにかぎらず、また漫画だけでなくテレビでも、「ドラえもん」の人気はアジアでは高い。

それはアジアでは、キリスト教徒であろうとイスラム教徒であろうと、その土台に多神教的なアニミズムが生きていて、一神教的なおごそかな神とは一味違うお茶目な親しみやすい超自然世界、超能力世界を受け容れさせてくれているのではなかろうか。

妖怪変化にもいろいろある。日本映画が新たに生み出した妖怪変化のいちばん成功したものは「ゴジラ」（一九五四）である。

巨大な怪獣で怖がらせる映画というのは古くからあり、戦前のアメリカ映画の「キング・コング」がなかでは有名で、「ゴジラ」も明らかにこれを参考にしている。

ただ「ゴジラ」は東京の目ぼしい建物を片っ端から破壊してゆくというところに新味があり、それで評判を得た。はじめ製作会社の東宝はこれをあくまで恐怖映画として宣伝したのだが、何度も何度も繰り返し作っているうちに大人はあきて見なくなった。何本作っても見に来るのは子どもだった。その子どもたちにサービスするために子どものゴジラを出したり、双生児のアイドル歌手の出演するミュージカル仕立ての蛾の怪獣映画「モスラ」を作ったりするうちに、怪獣映画がどんどんかわいらしいものになってゆき、やがて、子どもにもあきられてしまった。まあ、見世物性で人気を呼ぶ映画というものはシリーズ化してもあきられてゆくことはしかたがない。

プロデューサーの田中友幸はしきりと最初の怖さにもどらねばならないと言っていたが、これは仕方がないだろう。かんじんなことは怖さを追求する意志があまりなかったということではなかろうか。

ゴジラは南洋の深海に眠っていたところをアメリカの水爆実験によって目覚めさせられ、怒ってたまたま日本へやってきて東京を破壊したのである。そのために最後には日本人の科学者の自爆攻撃にあって南海で殺される。ゴジラ自身には悪意はなく、彼自身、あわれな犠牲者と言っていい。東京でなぜか放射能を吐き散らすのも、アメリカの水爆実験で浴びたそれが腹の中にたまっていた、とでも考えるしかない。つまりゴジラ自身に罪はない。むしろ同情して見られる。だから、観客、とくに子どもの観客にとっては憎悪の対象になるどころか、馴れればむしろアイドルになってしまう。じじつ、ゴジラは、怖いぞ怖いぞという鳴物入りの宣伝で売り出されたのに、実際には映画が作り出した最大のアイドルのひとつとなって子どもたちに愛されたのである。

同じパターンを繰り返してゆくうちにあきられてきて観客が減ると、製作者側はゴジラの怖さを復活させようと努力した。

アメリカで最初にリメークされた「ゴジラ」などは、ゴジラをゆっくり威風堂々と歩く偉大そうな様子から、もっと小さく、そして機敏に走り回れるキャラクターに改良して確かにより怖くはしたのだが、子どもたちはそれを愛することができず、興行は失敗に終わった。子どもたちは薄気味の悪い怖さを必要としていたのではない、一見愚かそうに見えるほど悠々として、愚かでなにが悪いか、とばかりにノッシノッシと歩く、恐れることを知らない姿にこそ魅せられていたのだと思う。

アメリカの映画人たちとしては、そんな怪獣を根は善良な存在として描く想像力が欠けていたのではないか。一神教的な世界観の中では、人間を踏みつぶして歩くような存在は邪悪にきまっており、悪魔のように神から全面否定されるのが当然であって、本当はあいつも可哀そうな奴なんだ、などという同情的な発想は持てなかったのかもしれない。

ただ彼らにも、善良な人間が、悪魔とも戦えるような人間離れのした力を持つことはできないかという夢は持てる。それを鮮明に表現した作品として、アメリカのコミックスの歴史のなかの最大のヒット作である「スーパーマン」がある。

平凡で善良な青年が、許し難い悪の存在を知ると、ちょっとした気合いひとつで空を飛べる超能力を持つスーパーマンに変身し、悪い奴をやっつけてまた元のおとなしい青年にもどる。スーパーマンはまるで神の使者のように万能であり、常に正義の側にいる。

彼にやっつけられる悪党どもはゴジラのように正しいのか悪いのかよく分からない謎に充ちた存在ではない。同情すべき存在でさえもない。

日本の手塚治虫が戦後に作り出した漫画の「鉄腕アトム」は、人間ではなくロボットだが、なにか正義の味方として行動しなければならないことに気がつくと、直ちに空を飛んで現場にかけつけて行動する。その発想の基本が「スーパーマン」の影響下のものであることは言うまでもない。ただし彼は人間ではなくロボットであるために、自分の行動は本当に正しいのかどうかという問題の反省を迫られる。なぜなら、ロボットという神にも悪魔にも属さない存在として、自分の行動の正しさを常に自分で自分に問い直し、確認しなければならないからである。

こうして「鉄腕アトム」は、児童向けのコミックスとしてはかつてなく哲学的な深味のあるものになった。

自分はなぜ存在するのか、誰のために行動するのか、人間とはなにか、ロボットである自分にとって、何のために戦うのが正しいのか。

悪とはなにか。悪人とは誰のことか。こうした問題が繰り返し出てくる。それは手塚治虫の卓抜な資質と倫理観の強さから生み出された独特のものであるが、同時に、この世は所詮、神と悪魔の対立で動いているという一神教倫理観では納得し得ない多神教風土の中での、悪というものをあまり固定したものとは見ない感覚の中でこそ発達し得た考え方の柔軟さの産物でもあると思う。

自分の嫌いなもの、怖れているものに単純に「悪」というレッテルを貼って、それを神に敵対するものときめてしまうのではなく、「ゴジラ」がそうだったように、一見して悪そのものとしか見えないものの中に同情に価するなにかを感じとり、そこに共感する能力である。

手塚治虫によって明確になった、正体不明の不思議な対象に対する肯定と否定の交錯する感覚は、手塚の影響を大きく受けた次の世代に受け継がれ、そこから「ドラえもん」のような、なんでも出来る小さな神様のような存在でありながら、じつは、結果は失敗ばかりという、幼稚な神様とでも言うべきものが生み出される。

では「スーパーマン」という神の少々安っぽい使者とも言うべき正義の味方をつくり出したアメリカの大衆文化はそれをどう発達させたか。

「スーパーマン」に次いでは「バットマン」が生み出されてますます人気を得た。ティム・バートン監督の一九八九年の「バットマン」と一九九二年の「バットマン・リターンズ」の大ヒットでこの種の空想的大スペクタクルのアクションものが流行することになる。

二〇一五年、アカデミー賞で作品賞を得て評判になったアレハンドロ・G・イニャリトゥ監督の「バードマン あるいは（無知がもたらす予期せぬ奇跡）」（二〇一四）は、この四半世紀前のリメークのヒット作二本で主役のバットマンを演じて国際的に人気スターになったマイケル・キートンが、その後鳴かず飛ばずだったのが、再起をめざしてブロードウェイで芝居をやる、という話である。

昔やった役というのはバットマンならぬバードマンということにして、マイケル・キートンはリーガンという役名で出てくるが、これがとんでもないわがまま者のトラブルメーカーで、そのためにごたごたがたえないという、ブロードウェイの裏話になっている。

そして最後にやっと幕が上がったとき、そこに忽然とバードマンが現れて、劇場のあるあたりのニューヨークの高層ビル街を飛び回るということになる。

リーガンという俳優の張りきりかたが異常で殆んど狂気か妄想の世界に入り込んでいるのだが、その願望のきわまるところを象徴するような存在としてバードマンは出現する。この妄想のバードマンは、黒づくめの衣裳に黒い大きな羽根を背負ったカラスのお化けのような奇っ怪な姿で現れる。これまでのスーパーマンもののように愉快でもマンガ的でもなく本当にぞっとするように怖い。

じつを言えば、前にマイケル・キートンが主役をやった「バットマン」でも、ジャック・ニコルソンが演じた敵役の悪の都ゴッサム・シティのボスの憎々しさのほうが怖くて凄味があって、マイケル・キートンのバットマンなどよりよほど評判だったのである。

さて、この映画の最後に現れるバードマンとは何者なのであろうか。主として主人公の背中のところにつっ立っていて、ときどきニューヨークの高層ビル街に舞い下りたり、飛び回ったりする。しかし別に何をするわけでもない。

ただ、強烈な印象を残すのは、これの目つきである。その目つきがじつに怖い。そして何か邪悪である。別に何も言わないし、目つきなどというものは主観的にしか意味を読みとれないサインだから、それで何を表現していたか、見る者にコミュニケートしていたかを断言することもできない。しかし、このバードマンの原型としてのスーパーマンやバットマンとの比較ではっきりしていることは、その目つきには攻撃的なものや、または嘲笑的なものしか感じとれないことである。この変化は大きい。思えば元祖スーパーマンの表情は無邪気で明るいものだった。「バットマン」になると、無邪気というより、なんだか小ずるい印象が生じてくる。正義の味方として飛び回るにしても、スーパーマンのように全身をぐっと伸ばして正々堂々元気よく、自信満々で飛び回るのではなく、なんとなくコソコソ、相手の隙をうかがってピョンピョコはね回る矮小さがあって、私など、どうも好きになれない。

それがさらにこんどのバードマンとなると、皮肉っぽさと権力意志と冷酷さが入りまじったような印象になって、正直のところ怖い。

こじつけになることを恐れずに勝手な印象を言えば、この流れはアメリカが〝アメリカの夢〟を当然のことのように信じていた楽天的な時代から、それが子どもの空想の世界から大人の空想の世界にまで入り込んで多少シニカルなものになり、さらには無邪気な夢だったものが権威や威信をともなうものになってゆく、と、そんな過程の表現であるような気さえもする。明らかにこれは邪悪な存在であって、スーパーマンや鉄腕アトムのような正義の味方ではない。明朗快活な正義の味方のスーパーマンから、一見無邪気に見えて正義を追求するバットマンへ。さらに邪悪な欲求の塊りのようになってしまったバードマン。

それはアメリカが世界のリーダーとしての自負を持ちはじめた頃から、そんな自意識をいまさら捨てることもできない厄介な重荷として、あるいははた迷惑な欲望として持て余している自分自身の再発見でもあるのだろう。

さて、これまで列記してきた妖怪は、狐狸のように人間性を持った動物か、スーパーマン、バットマンなど、超能力を持った人間か、さらには鉄腕アトムのように人間性を持った機械か、ということになる。

ではウルトラマンはどう分類したらいいか。

発生的には明らかに鉄腕アトムから機械が果たして人間になれるかという哲学的な難問をとり払って子どもにも分かるように単純化したものだが、その結果はいわば神様の手下か家来か使者のようなものである。つねに正義の味方であるが、つねに正義である存在とは神に他ならないとすれば戦力と化した神と言ってもいい。つねに正義の立場で弱者に加勢して悪者をやっつけてくれるからまことに頼もしいが、正義を保証する神秘性には不足がある。だから子どもを安心させる力しか持たない。

いや、じつはそこに子どもを本当に安心させる力があるかどうかも疑わしい。なぜなら、子どもだって、じつは、それがウソだということぐらいは、知っているか気づいているからである。

世の中にはもっと恐ろしいものがある、と、子どもでも気づいている。

新手の妖怪ものと言っていい「寄生獣」(二〇一五)はその恐るべきものに恐る恐る近づいてみたものである。

子どもっぽい妄想をなんでもぶちまけていい文化として発達したマンガという分野から生まれてきた、原作岩明均、監督山崎貴のこの映画は、従来の妖怪ものの中に含まれていた神と悪魔の確執の奥にあるものに触れている。

寄生獣とは、寄生虫のように人間の体の中に入り込んで人間が摂取した栄養の分け前で生きている生物である。それが寄生虫と違うのは、虫としてただ人間が食べたものの一部分を横取りするだけでなく、人間に勝る知能を持ち、人間の体内から人間を操り、他の人間を殺して食べて生きているということである。

ミギーという寄生獣は、新一という少年の鼻の穴からその体内に入り込み、その右手に住み込み、ときどき新一の右手の指先に眼玉をひとつだけ現して会話する。それで分かることは、新一の住む日本の東福山という町にはすでにこうして寄生獣に体を全部乗っ取られながら人間のフリをして、何食わぬ顔で生活している寄生獣がたくさんいるということである。

彼らは人間を食べて生きているので、ときどき人目につかないところで出会った人間を殺して食べる。そのとき、いきなりその寄生獣の人間の顔の正面が裂けて、そこから筋肉の紐みたいなものが飛び出して相手を殺し、用がすむとそれが顔の中にもどって普通の人間の顔にもどる、というあたりが最新の映像技術処理による珍しい恐怖をかもし出す。これが要所要所で手を変え品を変えて繰り返されることがホラー映画の新しい手として商業性を保証している。しかしこの作品の興味はそこにあるだけではない。

まず人間を食物とする生物の出現をどう考えるかという問題がある。すでに毒性さえなければどんな生き物だって平気で殺して食べてきた人間には彼らを批難する資格はない。むしろ、今や地球を亡ぼしかねない恐るべき生物になっている人間だけを食べる不思議な生き物として、寄生獣こそが地球的観点からすれば正義の味方なのかもしれない。

他方、寄生獣の側も、人間を食べつくしてしまったら彼らも食べるものがなくなって滅びることになるのだから、どこかで人間と妥協しないわけにはゆかない。

新一少年の右手に住みついて新一とは友情のようなものを感じているらしいミギーにはそのことが分かっている。また、高校教師田宮良子の肉体を乗っ取っている寄生獣もまた、人間の子を妊娠することをつうじて人間との共存の道を模索するようになる。しかし生来寄生獣として人間を食物としてしか認識してこなかった者が、どうしたら人間と共生できるのか。そのためには人間独得の微妙な感情、とくに愛情を学ばなければならない。

寄生獣の側にそんな新思想が芽生えはじめるのであるが、人間の側では、やっと寄生獣という存在を知って、これを一掃すべく、武装警察隊が組織されて、一般市民の中にまじっているパラサイトどもを摘発し、射殺する。

これはただ着想が目新しく奇抜であるということを超えて、人間でありさえすれば自動的に神の保護を受ける資格があるとする長い長い伝統を公然と無意味化する考え方の出現として画期的である。

神が保証する人間の正義など、寄生獣たちにとっては単なる妄想にすぎないのだ。そして困ったことに、それはじつは人間たちもその多くが本心では気づいていることで、つい昨日まで二流、三流文化と見られていた漫画だからこそなんの気なしに言えたことなのだ。

いまやわれわれは、人間だから尊いとか、神の保護の下にいるなどとは気楽に言えない時代に生きている。従来のように単純に、人間に敵対する者は悪魔の手先であり妖怪であるとはきめつけられない状況にある。寄生獣たちがおおむね見るからに邪悪に描かれているにもかかわらず、本質的に邪悪なのはどちらかは容易には言えない。そこが本当に怖いところである。

呪いのグローバリゼーションが怖い

　お化けという言葉でひとくくりにされてしまうことが多いが、幽霊と妖怪は違う。幽霊は死んだ人間がこの世に特別な恨みがあってあの世に行けないで、この世をさ迷う者のことだし、妖怪は人間以外のなにか正体不明の不思議な怪物たちのことである。

　五十年ほど前までは、日本では毎年夏になると怪談ものといって幽霊の出てくる映画が数本は公開されていたものである。なぜ夏かというと、夏はお盆の季節だからだと思う。お盆とは家庭でそれぞれ、なくなった身近だった人たちの霊を迎えてなぐさめて、一泊させてまたあの世に送り返すという儀礼である。死んだ人を思い、その霊と親しく過ごして自分たちを末永く見守ってもらいたいと祈ることが主旨で、日本人の宗教的な気持のいちばん重要なところである。

　つまりお盆は人々が死者の霊と親しむ季節的な行事である。死者たちには平和な家庭を見て安心してあの世に帰って行ってもらわねばならない。ところがなかなかあの世に行こうとしない死者がいて、これが怖い。昔、武家をスポンサーとして成り立った芸能である能では、戦いに敗れて無念の死をとげた武将の幽霊なんかが登場した。立派な武将ぐらいでないと、自然の法則に背いて魂を宙にさまよわせるというような激しい気力は持てないと思われたからだろうか。

　これが江戸時代の町人たちの歌舞伎になると、「東海道四谷怪談」のように、貧乏な浪人に殺されたその妻のお岩がいちばん有名な幽霊となる。そこが興味ぶかい。その数百年の間に霊魂の民主化が進んで、貧乏な長屋の女だって、幽霊となって横暴な男性の心胆を寒からしめることができる。という具合に、人権ならぬ霊権の確立があったのかもしれない。人権のほうはまだ遅れていて、たとえ男が悪くても、女は男に絶対服従ということだったのだが、怪談という大衆文化では、男に虐待されたら女は「死んで化けて出てやる！」という呪いの言葉を返してやれるだけでも相当に違う。そういう進歩を怪談はもたらしたと思う。

　怪談なんて非科学的な通俗娯楽だとバカにしてはいけない。怪談の幽霊たちはだいたいが弱者の人権の代弁者たちではないか。その意味では正体不明の妖怪変化《ようかいへんげ》というのも、だいたいが森の中などにいて、どうやら人間によって滅ぼされつつある動物や植物たちの霊魂くさい。彼らも人権は持たないが霊権はあると昔の日本人は思ったのだろう。動物の霊権をはっきり認めているのは、例えば食べた熊の霊を天国に送るアイヌの熊祭りである。

　西洋にも怪談はたくさんあって、幽霊も妖怪も、妖精なんてのも出てくるが、日本人の感覚にないのは悪魔という存在である。

　日本の幽霊は誰の前にも現れて誰に対してでも害をおよぼすという理不尽な困ったものではない。「四谷怪談」のお岩様は彼女が心底憎んだ民谷伊右衛門の前にしか現れないし、伊右衛門が自滅すれば彼女もあの世へ去っていく。悪いことをしない善男善女には害はせず、善男善女たちはこの霊が怒りをおさめてあの世に行って下さるよう、みんなで祈りさえもする。幽霊はもともとは人間だから、人間性があって、説得不可能というわけではない。ところが悪魔はそもそも人間ではなく、人間を支配する神に対立する存在だから絶対に説得はできない。

悪魔は滅ぼすしかないのである。しかし神が不滅だとすれば神に対立する悪魔もまた不滅だから始末におえない。幽霊のように供物を捧げてお祈りして機嫌よくあの世にお帰りいただいて安心ということができない。

こういう悪魔なんて厄介な観念を持っている西洋人は、よく敵を悪魔に擬する。そうなると原理的に、相互理解も妥協も和解もあったものではなくなってしまう。幽霊が何を恨んでいるかは理解して、こちらも反省することが可能だが、悪魔ときたらもう、神の領域に属する人間的なるものを全て否定しようとしているのだから、もう抹殺するしかないわけだ。

いまの中近東情勢の悪化の中で最も心配されたのは、キリスト教徒側とイスラム教徒側が、お互いに相手を悪魔と見るようになってゆくことである。

まあ、そういう大問題はさておいても、近年ホラー映画の形式の世界共通化が急速に進んで、日本映画から伝統的な幽霊が消え去り、正体不明の悪意の塊りという悪魔もどきの得体の知れない存在の呪いばかりが蔓延しているのが気になる。これぞ悪魔のグローバリゼーションということなのだ。こうなると幽霊はお盆の季節を好んで柳の木の下などに現れるから風情があるなどと、のんびりしたことも言ってはいられなくなる。悪魔に季節なんてないから、年中怖がっていなければならない。嫌だねえ。

変質した「怪談」の怖さ

「ロスト・ワールド」など

かつて八月は映画では怪談のシーズンだった。

日本の怪談は殺された人間が幽霊となって現れて殺人者に復讐するのが基本であり、だから人に恨まれないようにしようと、見る者をふるえあがらせた。言うなれば幽霊は日本人の良心に具体的な形を与えたものである。日本人は宗教心がないというが、幽霊を怖がるのは立派に宗教心である。だからお盆に怪談も語られた。

この怪談ものが日本映画から失われて久しく、この分野はアメリカ映画のホラーものに取って代わられた。近年、久しぶりに日本映画にも「学校の怪談」というシリーズが現れたのだが、これは日本式の怪談というよりは西洋式のホラーに近い味になっている。

西洋のホラーは悪魔を怖がるのが基本である。悪魔というのは善良な人間にこそ危害を加えるものであって、「学校の怪談」でも、何も悪いことをしていない良い子たちが夜中に学校で怪物たちや超常現象に追い回され、ほうほうの体で逃げる。日本人はもう幽霊を怖がることはなくなったのだろうか。代わりに「学校の怪談」シリーズでは学校という場所そのものが怖いのだが、神戸の少年殺人事件などで、学校という場所の怖さは絵空事ではなくなった。

「四谷怪談」その他のように、かつて怪談はだいたい時代劇で封建的な人間関係の束縛から恨みが発したが、現代ではむしろ未来が怖い。例えば遺伝子工学で生物はどうなるのか。アメリカ映画の「ロスト・ワールド」は、スピルバーグの前作「ジュラシック・パーク」に引き続いて、遺伝子操作で蘇った太古の恐竜の群れの恐怖を描いている。

人間が小さな島に大量発生させてしまった恐竜たちに食いちぎられるというこの物語は未来への不安に根ざした現代の怪談と言っていい。

日本の幽霊は坊さんに頼んでお経をあげて成仏してもらえば解決したし、西洋のホラーも「ドラキュラ」の昔なら、十字架などの神の威光で解決したものだが、「ロスト・ワールド」では増殖してしまった恐竜はその島から外に出さないようにしようというだけの結論で終わる。これはもう、作ってしまった核兵器は他の国々に拡散しないように国際条約を結んでおこうというのと同じ発想で、最終解決でもなんでもない。

幽霊を怖がったころの日本人は、幽霊にはただ伏してあやまるだけで退治しようなどとは思わなかったが、悪魔に対して西洋人は退治しようか逆にその力を借りて人間を支配しようかなどと妄想する。近ごろのアメリカ映画のアクション大作の多くはそういう悪魔的な存在と人間との果てしない格闘の物語である。例えば「バットマン&ロビン」。

日本の怪談は仏の慈悲を見失ったし、西洋のホラーも神の威光を失った。そこに共通して残るのが、慈悲も威光もなくただ未来への恐怖におびえて非合理的な妄想にすがるオカルト志向である。神戸の少年の事件もオカルトのにおいが強い。怪談には非合理な恐怖心を飼いならす作用があるが、さて未来への恐怖はどうやって飼いならしたらいいのだろう。

江戸歌舞伎の爛熟期の傑作のひとつである鶴屋南北の「東海道四谷怪談」は、繰り返し映画化もされ、日本のホラー映画の最も良く知られた演目となった。なかでも原作の陰惨な美しさを最も良く伝えている作品としては一九五九年の中川信夫監督の「東海道四谷怪談」だと殆んど定評化しているが、私の好みを加えて言えば一九四九年の木下惠介監督の「新釈　四谷怪談」前後篇こそがベストである。この作品は敗戦後の近代主義的啓蒙思想が優先した時期の作品なので、幽霊の出現する非合理性は非科学的であるとして排除され、自分が殺した妻の幽霊に襲われても決して後悔せず、あくまで悪の道を貫ぬこうとする悪のヒーロー民谷伊右衛門の性格は根本的に変えられた。この映画の彼は小心翼々たる失業武士で、悪党にそそのかされて金持ちに婿入りするために心ならずも妻を殺し、あとで良心の呵責から妻の幽霊という妄想にとり憑かれて自滅してしまうにすぎないのである。だから凶悪無残であるべきこの役は上原謙の弱々しい男となり、グロテスクな容姿に変貌しなければならないために通常大スターは演じない妻のお岩を、上原謙とは名コンビの田中絹代が、これまた不運な女の憐れさを、歩き方ひとつ、身のこなし方ひとつにあふれさせながら演じた。

結果として恐怖劇としてはあまり衝撃的ではないので怪談ものの正道を外れていると言われても仕方がない。しかし、貧しい浪人夫婦の主人公たちをはじめ、事件の犠牲者となる小仏小平（佐田啓二）など、あわれな人々の不幸な運命を同情をこめて描き出す描写のこまやかさは滅多にない高い水準に達している。とくに伊右衛門がお岩を殺そうと決心しながら容易に殺せないでためらう姿と、夫の殺意など全く気づかずに彼によりそって愛を語るお岩の舞うような足取りとを組み合わせた場面、そして夫に裏切られたとはとても信じられない風情でお岩が死んだあと、間男に見せかけるために一緒に殺された弱い純情なやさ男の小仏小平が、いったん無残に殺されたはずなのになぜかふらふらと立ち上ってばったりと倒れる、その一寸の虫の五分の魂を実感させずにはおかない驚くべき情感あふるる恐怖場面。あとの場面はともかく、これらいくつかの場面にみなぎる愛と甘えと裏切られた愛への怨念のすさまじさの表現の見事さだけでも木下恵介は映画的表現の天才と言わねばならない。ただ怖いだけが怪談ではないのである。真の怪談は心胆を寒からしめるものなのだ。

空想科学映画について

国立科学博物館で「スター・ウォーズ」展をやると聞きまして、じつは少々びっくりいたしました。「スター・ウォーズ」は空想科学映画の名作です。空想科学というくらいですから科学と関係はありますが、本当の科学かというとじつはそうではないわけです。科学というのは一見どんなに現実にはありそうにないことであっても現実にあることを扱うものですし、少なくともその可能性を筋道立てて説明できるものでなければならないわけです。

想像するのは面白いけれども、実現可能だときちんと納得できるように説明することは無理だというようなことは空想とか妄想とかいうもので、科学者同士の議論からは厳密に排除されることになっているわけです。まあ、ある種の説明困難な、論理的な証明の難しい現象で、しかし実際に起こり得る事柄について、ある人は科学の範囲内だと言い、ある人はただの想像にすぎないというようなことはあります。たとえば人間の心のあり方を扱う精神分析学などにはそんなふうに科学なのかそうでないのか、よく分からない部分があります。そういう部分については、これは科学だと言う人と、そうではない、擬似科学だと言う人もいたりします。

空想科学映画とか空想科学小説というのは、はじめから空想とことわっている以上、科学に必要な証明はしないことになっているわけです。ですから科学ではありません。正確にはファンタジーと言うべきです。ファンタジーにはファンタジーとしての存在理由がありますから、それはそれでいいわけですが、国立科学博物館というのは権威ある科学の殿堂であるわけですね。本来なら科学でないものは受け付けない場所であると私などは思っているわけです。ところがその科学の殿堂でおよそ非科学的なものであるところの空想科学映画についての展示会をやるというので、いささかびっくりしたわけです。

私はそれがいけないと言っているわけではありません。むしろ非常に興味を持ちまして、ふだん足を運んだことのないこの会場にやってまいりまして、あの映画に使われたミニチュアや衣裳の数々を見せていただきまして、堪能いたしました。映画に関する展示会でこんなに楽しいものも、ちょっとないと言えるでしょう。

空想科学映画は科学そのものではないけれども、科学の発達について人々が期待しているもの、あるいは怖れを抱いているもの、などなどを写し出しています。その意味で擬似科学とも違い、科学と強い関係を持ったもの、あるいは科学をとりまいているなにか、というふうに言えると思います。科学そのものだけでなく、科学をとりまいているなにかもまた大事だと、国立科学博物館は判断されたのだと、この展示を見て納得しました。そこで今日は、その科学をとりまくなにか、ということについて、科学の専門家ではない立場からお話ししたいと思います。

その前にひとつ、さすが国立博物館だと思ったことを指摘したいと思います。この展示会のために作られた〝STAR WARS SCIENCE and ART〟というカタログです。これの、はじめのところで「映画『スター・ウォーズ』と科学」という解説を、こちらの博物館の理工学研究部長の佐々木勝浩さんが書いておられまして、この映画の中で展開される科学的、あるいは一見科学ふうな事柄や概念のうち、どこまでは科学として認めることができるか、どこからは科学とは言えない全くの空想であるかということを、きちんと区分けして説明しておられます。

これによりますと、宇宙の異なる空間を何万光年もの距離を超えて一挙に移動するハイパースペース航法とか、重力に逆らう反重力エンジンというようなものは、胸がワクワクするような面白いアイデアではあるけれども科学とは言えない、と説明されています。科学上のなんらかの理論で想像できる範囲を超えた全くの空想だということでしょう。チャンバラの場面で使われる光の剣、ライトセーバーは、あれがもしプラズマの光だとすると、「プラズマは電子やイオンの流れなので電場や磁場で曲がり、一定の場所に閉じこめることができる。ということは、プラズマをある長さや形に制御することは可能かも知れない。また、細いノズルからプラズマ流を吹き出させると、ピンチ効果と言って自らの作る磁場で細く収束する性質がある。これによって狭い箇所に高いエネルギーのプラズマを集中させられるので、レーザー同様に金属の精密加工に利用され、開発途上の核融合炉の超高温の手段としても有望視される」——と説明されています。

なんだか私にはよく分かりませんが、こう言われると、なんとなく血わき肉おどるという気分になってきます。じつはこの映画のジョージ・ルーカス監督はよく知られておりますように日本の黒澤明監督の時代劇映画の熱烈なファンでして、従ってあのライトセーバーという光の剣を使ったチャンバラには日本の時代劇の立回りの影響があることは明らかです。それにしてはチャンバラとしてはあまり迫力がないな、やっぱり立回りは斬られると痛そうな日本刀に限る、なんて、私は私に理解できる浅い範囲でしか見ていなかったんだなと、この説明で思いました。

ただし、ライトセーバーのような光をプラズマで作るには、強力な発生装置、冷却装置、電源などが必要で「とても小さなグリップには収まらないだろう」とも説明されています。しかしそういう技術上の問題は、以前には巨大な装置だったコンピュータが、いまではごく小さいものになっているように、いくらでも発展可能なんじゃないかと夢を持つことができます。

荒野をジェット機並みの速度で走るポッド・レーサーとか、自動車型のエア・スピーダー、バイク型のスピーダー・バイクなどの乗り物については、車輪を持たずに地上を離れて浮上して走るということについては、現在すでに実現しているホバー・クラフトのように、じっさいそのほうがスピードが出るし、乗り物がそういう方向に向かいつつあることを認めておられます。

ただし、映画で見るようなスピードで走ったら乗っている者は息ができないばかりか首の骨が折れてしまうかもしれない。また地面との抵抗がないと方向の安定性を保つことが難しくて小回りの利いた方向転換などは難しいと指摘しておられます。それからすでに述べたように、地上から浮上するのにリパルサーリフトと呼ばれる反重力エンジンを使うことになっているのは、そもそも反重力装置というのは科学的には考えられないことだと書かれています。

こんなふうに、この解説では、「スター・ウォーズ」に描かれている空想科学のさまざまなアイデアのうち、原理的に科学とは言えない純粋に空想である部分と、原理的には科学技術の進歩で可能になるかもしれない部分と、原理的に可能とはいっても現実にはその前に解決しておかなければならない、いくつかの問題点をきちんと説明されております。さすが科学博物館です。空想だから科学の範囲外だといって相手にしないのではなくて、空想と科学の範囲をきちんと説明して下さっているわけです。

科学史をひもときますと、中世のヨーロッパで広く行なわれていた錬金術というものがあります。金ではないさまざまな物質を熔かしたりまぜたりして金にしようという試みで、全部失敗しました。いまでは金以外の物質から金を作るということは原理的に不可能だということが証明されておりますので、錬金術というのはやっていた本人たちは科学のつもりだったかもしれないけれども、結局は科学ではなくて空想だったということになっているようです。

しかし、空想なら意味のないことだったかというと必ずしもそうではないようです。というのは金を作るという目的でやたらといろんな実験が行なわれたおかげで、副産物としてずいぶん発見があったようです。空想も決して無駄ではないということですね。空想こそは科学の発展の原動力であるかもしれません。

しかし、では空想というのは正しい科学に至るための間違いをたくさん含んだ前の段階にすぎないのか、というと必ずしもそうではないように思います。というより、そもそも空想科学映画のファンはそこで扱われていることが科学的に正しいかどうかということは、じつはあまり気にしておりません。どんなにまことしやかに描かれていたとしても、空想は空想だと百も承知です。反重力もそうですが、タイムマシーンとか透明人間とかいったことも、科学の範囲外で、ファンタジーというよりもむしろ魔術や魔法に類するものでしょう。魔術的な幻想をそれはそれとして楽しんでいるわけです。

ただし、空想科学映画が扱うアイデアの中には、科学的に可能なことか、あるいはそもそも魔術的な幻想だと割り切ってすませていいのか、あいまいな領域のものもあります。有名な作品で「2001年宇宙の旅」というのがありますが、そこでは宇宙船の中でコンピュータが人間に叛乱を起こします。そういうことは有り得ることなのか有り得ないことなのか、私には分かりません。有り得ないことなんだろうと思いますが気がかりです。私だけがそんな心配しなくてもよさそうなことを心配しているのかというと必ずしもそうではないようです。たしかロボットという言葉のもとは、空想科学小説の古典とされているチェコのカレル・チャペックの「ロボット」からきていると思うのですが、そこでは人間が作った機械人間つまりロボットが、たしか人間に叛乱を起こすという話が展開されていたと思います。つまりロボットなんてことを考えついた人は、そのはじめからそういうことを心配していたわけです。

あるいは近年評判の押井守の「攻殻機動隊」や「イノセンス」では、人間の体の多くの部分が機械に置き換えられてしまって脳の一部しかもとの人間のものではないという人物が出てきて、自分のアイデンティティについて悩みます。これも科学で可能な範囲を超えた魔術的な幻想だと言ってもいいのですが、臓器移植や人工心臓の普及といった実際に広く行なわれている科学技術を想像で極端まで推しすすめてゆくとそういうことも考えられるわけで、ロボットやコンピュータが叛乱を起こすという心配とおなじように、まさか、とは思うけれども科学の発達の彼方に生じるかもしれない事態への不安や危惧の表明であるわけです。

それら個々の問題についていちいち、そんなことは起こり得ないと科学的に証明することができるかもしれません。しかしじっさいには、それとはちょっと違うけれども結果としては似ているようなことが、予想もしなかった形で生じているように思います。人間が作った機械そのものは人間に忠実で、人間に反抗などしないかもしれません。しかし機械があまりに増え、人間があまりに機械に頼らざるを得ないようになると、こんどは人間性そのものに変化が生じるようになると思います。現にそういう現象は起きています。コンピュータのハッカーなどというのはコンピュータが新しく生み出した犯罪で、やっているのは人間だから科学技術が悪いというのは筋違いかもしれませんが、科学技術が便利さと同時に従来はなかった新しい種類の悪の魅力を生み出して、それが人間を迷わして、なにか途方もない悪の道にいざなっているということは言えると思います。

機械自身が叛乱を起こしているのではないが、結果として機械が人間を従えて叛乱を起こすことになるという言い方だったら、これはもう、単なる想像ではなくて現実に起こっていることだと思います。

「攻殻機動隊」や「イノセンス」はまた、体の大部分が機械に置き換えられてしまった人間は、はたして人間なのかロボットなのかという問題を提出していまして、そんな問題は一見荒唐無稽のようにも思われますが、よく考えると必ずしもそうではありません。

人間は自分で考える力がある。ロボットは人間からプログラムされたことしか考えない。そういうふうに人間とロボットを区別したばあい、実際にはたいていの人間は社会のメカニズムの中で予めほぼプログラムされた枠の中で考えているのであって、自分でプログラム全体の設定などしていないということに気づきます。われわれ自身、かなりの程度までロボットだと言えないかどうか。そういうことに気づかせ、そんな問題の立て方をできるようなところにわれわれを立たせてくれるものこそが、あるべき空想科学映画でしょう。

「太陽を盗んだ男」という日本映画がありまして、個人で手作りの小型の原子爆弾を作った男が、それで日本政府を脅迫するという話です。一九七九年の作品で、当時は技術的にそんなことは無理だったから空想科学映画だったと言ってもいいかもしれません。しかしもうそろそろ現実に可能だということになりつつあるのではないでしょうか。だとするとこれはもう空想ではなくて現実的な物語だということになります。技術的に可能なら、何十億人もいる人類の中にはきっとそれを実行に移す人間が出る。科学が悪いんじゃない、その成果を悪用する人間のほうが悪いんだ、とは言っても、そういう悪い人間は必ず現れるので、科学に罪はないとは言っていられなくなるのではないでしょうか。

空想科学映画というものは一般になんとなく、科学への夢や憧れを表現するものだと言われてきたように思います。たしかに手塚治虫の「鉄腕アトム」などはそう言えるかもしれません。なにしろ核エネルギーを持ったロボットが人間の幸福のために粉骨砕身するわけですから。この手塚治虫はスティーヴン・スピルバーグの「未知との遭遇」に大感激していました。空飛ぶ円盤で地球にやってきた宇宙人たちが、はじめはなにか不気味に思えたのが、意外と善意の持主で、井の中の蛙のような存在だった人類を、素晴らしい可能性に満ちている宇宙へ導いてくれるというところで終りになっております。私など、あれはだまされて連れていかれるんじゃないか、人間なんて宇宙人のエサにされて食べられてしまうんじゃないか、という恐怖を感じたのですが、手塚さんは嬉々として宇宙船に乗り込んでゆくいかにも人の良さそうな人物たち同様、そこからこそ人類の新しい時代がはじまるというふうに感じられて喜ばれたようです。

古典的な空想科学映画にはたしかに科学の発達によってどんなに面白い新しい世界が開けてくるかということをワクワクさせるような調子で描いているものがあります。たとえばジュール・ヴェルヌの原作による「海底二万哩」です。潜水艦に乗って世界の海底を冒険旅行する。これはいま実現しているだけでなく、まだまだ未知の部分をたくさん残している興味深い分野です。

しかしそんなふうに科学の発達による未来の夢を楽しませてくれる空想科学映画はじつは滅多にありません。むしろ空想科学映画の大部分は恐怖映画に分類されるでしょう。やはり空想科学小説の古典で映画にもなっているH・G・ウェルズの「宇宙戦争」は、ある日とつぜん地球の人類が火星人の襲撃を受けて、あわや完全に征服されそうなところまでゆくという話でした。危機一髪で人類を救うのは、文明が進んだ火星社会では絶滅してしまったバイキンが文明の遅れている地球にはまだ生きていてくれたおかげで、侵略者の火星人たちは思いもかけずバイキンにやられて全滅してしまうわけです。小説も映画もけっこう怖かったですねえ。オーソン・ウェルズが若い頃、これをラジオドラマにして、火星人の侵入をラジオのニュースの形式で放送したら、それを本当のニュースだと思った人々によってパニックが生じたというのは有名な話です。

宇宙船の中に得体の知れない宇宙生物が侵入してきて増殖するという「エイリアン」のシリーズなどは、この「宇宙戦争」のアイデアをさらに手の込んだものにして恐怖を拡大したものだと言えるでしょう。「ゴジラ」は海底に眠っていた巨大恐竜が水爆で目覚めて東京にやってくるのですが、意外な敵の出現で人類が危機に直面するという点で「宇宙戦争」の直系だと思います。ただ困ったことにゴジラは、見るからに中に人間が入っている着ぐるみなので、はじめはギョッとしても見なれるとすぐかわいらしくなって、愛嬌さえ感じられて怖くなくなってしまいますね。もっとも、そのおかげで子どもたちに愛されて長い長いシリーズになることができました。

怖い怖い侵入者を作り出して見る者をふるえあがらせることと、その怖い怪物と親しんで、よく見ると愛嬌があってかわいいよ、などと言って安心することと、その両方の気持ちの間を行ったり来たりするのが空想科学映画の流行のいわばリズムを刻んでいます。怖い怖い作品がひとしきり現れて、もう参ったと思う頃に、怪物に愛嬌が感じられるような作品が現れます。「ゴジラ」のシリーズの途中にかわいい「モスラ」が現れるというあたりがそうです。逆に言うと愛嬌のある怪物たちをひとしきり楽しんだあとでやっぱりもっと本当に怖いものがある筈だという気持ちが起こって胆を冷やすような恐ろしい作品が現れます。アメリカで愛嬌たっぷりの宇宙生物たちの活躍する「スター・ウォーズ」が評判になったあとで、とつぜん本当に怖い「エイリアン」が現れるといった具合です。要は観客は自分たちが生きているこの世界は本当は得体の知れない恐怖に満ちているのだということをときどき実感したいのです。と同時に、怖い怖いと思っているだけでは生きてゆけないので、怖いものを茶化して面白がるという度胸も身につけたいわけです。

なぜそんなに怖いものを見たいかと言えば現実そのものが恐怖に満ちているからでしょう。昔の人は神話や宗教に現実世界の怖さに対抗する力を求めました。いまでも宗教はある程度の力を保っていますが神話はもう人々に勇気を与える力は失ってしまったと言わざるを得ません。昔の人は神話を本当のことだと思って聞いていました。現に私など子どもの頃には、歴史の教科書の最初に日本神話が載っていまして、天孫降臨などの神話を歴史上の事実として教えられたものです。そして日本人は神様の子孫なんだから、いざとなれば神様が助けてくれる、というようなことを半信半疑ながら少しは信じていたものです。敗戦を経験してそんな考え方はふっ飛びましたが、それでなくても科学や科学的な考え方の普及で神話は歴史から単なる空想へと格が下がり、影響力も失われてきました。

しかしいまでも、キリスト教原理主義、イスラム教原理主義、さらにはユダヤ教の原理主義やヒンズー教の原理主義も厳然としてあって、多くの争いの背景になっています。神話から解放されて他民族や他宗教との心の壁をとり払い、理解し合うことが必要です。

空想科学映画には民族や宗教を超えて国際的に共通する新しい神話を作り直すという機能もあるでしょう。「スター・ウォーズ」のような作品を見ると明らかに時代を過去から未来に変えた創作神話と言っていい内容を持っています。登場人物たちは人間や動物というより、人間に可能な範囲を超えた能力を発揮して、モラルの面でも崇高で高貴で人間離れのした偉大さを示すあたり、殆ど神々です。創作された神話としては「ロード・オブ・ザ・リング」も評判ですが、過去か未来か、地球上の話か宇宙の話かというような違いはどうでもいいことで、不思議でわけの分からない恐怖に満ちた世界に勇気を持って秩序を作り出してゆくという神話のような物語であるという意味では殆ど同質のものでしょう。

「猿の惑星」という空想科学映画の傑作では、人間より猿のほうが知能が発達している未来社会が描かれていますが、これは人間が万物を支配するのが当然だと思っているわれわれの常識に痛烈な一撃を与えました。「スター・ウォーズ」にも人間以外のさまざまな知的生物が登場しますが、こういう想像をすることによって、少しは人間が謙虚になって他の生物と共存を図るようになるのか。あるいは、他の知的生物は妖怪として絶滅させるという考え方を選んでいくようになるのか。現実にはあり得ないということで、じつは人間のモラルにかかわる、問題のシミュレーションが行なわれ得るわけです。

「日本沈没」という作品では、地球の表面のプレートの移動という科学上の学説から空想を拡げて、日本列島が海に沈み、日本人は難民となって世界に散るという恐ろしい物語を繰り広げました。日本列島の沈没のほうは、そんなことは起こり得ないからと思って気楽に映画的スペクタクルとして楽しみましたが、民族が世界に四散するというほうは現実にそういう民族はありますので、もし自分がそうなったら、と思って本当にヒヤリとしました。そして、そういう民族への思いやりを持つ必要を痛感しました。これも一種のシミュレーションです。

空想科学映画は、まさにそういう知的実験と訓練の場でもあります。科学への関心を高めるものというよりもむしろ、科学の発達で変化の予想が困難になった社会の中で、その不安や恐怖を語り、変化にどう立ち向うかを相談し、知的実験を行なうのが空想科学映画だと言えるでしょう。

そこからやがて大衆的な土台を持つ科学批評といったものが生まれてくることを私は期待しています。


（二〇〇四年五月、東京国立科学博物館での講演）

第四章　映画的思考

中国映画のインディペンデント派のありかた

中国では毛沢東の時代、映画は国家が作るものであった。国営の撮影所で国家予算で作り、厳しい思想検閲を合格した作品だけが教育啓蒙と思想宣伝と娯楽のため、これも国家によって組織されている全国の映画館に配給され、上映されていた。文化大革命の終りで毛沢東の時代が終り、これに代った鄧小平が改革開放路線を打ち出してから状況は大きく変る。原則的に映画製作を誰でも自由にやることができるようになった。言論の自由が原則的に認められたのである。ただし「原則的に」とわざわざ言うのは、実際にはそこにはまだ難しい問題が残っているからである。

中国には十六の撮影所、映画製作所がある。社会主義化以前から中国映画製作の中心だった上海のプロダクションを統合した上海撮影所。かつての日本の満州映画協会を日中戦争終結後に中国共産党が接収して映画製作をはじめたところから出発した長春撮影所。社会主義化以後、中国映画の新たな中心として設立され、最大の存在になった北京撮影所。革命後、戦前からの伝統を持つアニメーションをさらに本格化すべく設立された上海美術映画製作所。旧ソビエトが各民族共和国にひとつずつ撮影所を作ったのにならって各地方の省に設立された西安撮影所、広西撮影所、などなどである。

こうして各地に多くの撮影所があるのだが、作られた映画は北京の中央政府によって検閲され、その検閲を通った作品がやはり中央にある政府の映画配給機構で全国の映画館に送られてゆくのである。改革解放の旗印の下で映画の製作は誰にでもできるようになったのだが、出来上がった映画を上映する映画館は厳しく行政によって管理されている。そこでは中央で検閲を受けて合格して政府の映画配給機構によって全国に送られてくる映画しか上映できない。勝手に作った映画を勝手に映画館に売り込んで上映してもらうことはできないし、映画祭のような催しを行政当局の許可なしに勝手にやることは厳しく禁じられている。せいぜいできることは学校やカフェの中などで16ミリ・フィルムやビデオでゲリラ的に映写することである。

しかし、いつの頃からか、そうしたアンダーグラウンド的な映画の製作上映活動がはじまり、根づき、拡大していった。なにしろアンダーグラウンドでのことだから、メディアの情報網には載らないし、公式の記録はもちろんない。だからよく分らないのだが、私がそれに気づいたのは一九九〇年代の初期からで、香港映画祭においてである。中国映画ではあるがとても政府の検閲を通っているとは思えないような作品をしばしば見たからであった。たとえば大学の学生が自殺演習の宣言をして様々な自殺のやり方を死のぎりぎりのところまでやってみせる、というような作品があった。社会主義中国にもこういう哲学的ニヒリズムというような現象が現れているのだろうか、と、見ていて考えさせられて、それなりに興味深いものを感じた。

当時はまだ、香港は本土返還以前である。香港映画祭を運営していた人々は、こういう、中国政府の検閲を通っているとは思えない作品をしばしば採用していた。おそらくはそのために中国政府との関係にはいろいろ問題があったようで、ときどき中国本土から出品された中国政府公認の中国映画が映画祭の開幕直前に総引き揚げされるという事件が起った。ただしそれは、事件として目立つことなく、会場や切符売場に本日のこの作品の上映はキャンセルになりました、と貼り紙が出る程度だった。

外国の映画祭では外国映画は英語字幕だけのプリントで上映されることが普通で、一本の英語字幕プリントが世界各地の映画祭会場を巡っている場合が多い。プリントの輸送ミスや事故で上映がキャンセルになることは珍しくないので、それで観客も騒ぎはしない。日本語字幕のプリントを予め日本で作製して用意しておかないと外国映画を上映できない日本の映画祭とはだいぶ違う。

誰も知らないアンダーグラウンド映画の場合は問題にもならないのだが、本国で上映禁止になったことが大きな問題になっているような作品が、外国の映画祭で上映されたような場合は大きな問題になった。中国映画も自由化以後、外国資本が入っている場合が多い。そうなると中国政府が上映禁止にしても、出資者の国籍名義で映画上映が行われたりする。そうすると本国政府の命令を聞かなかったということで、十年間、監督の仕事をさせないという処分を監督が受けたりする。東京国際映画祭でグランプリを得た「青い凧」の田壮壮監督や、カンヌ映画祭グランプリの「鬼が来た！」の姜文監督がこの処分を受けている。

「青い凧」の場合は、一部出資している日本の名義で上映されることに中国政府が反発して、そのとき東京国際映画祭に来ていた中国代表団の全員に引き揚げ命令が出たのに、田壮壮はひとりで残って、他の中国映画の受賞者の賞まで代理で受け取って、こんなにたくさん賞をいただいて嬉しい、などと冗談っぽく舞台であいさつしていたが、相当に悲壮な心境だったのではあるまいか。

じつはこの「青い凧」という作品は、上映禁止というよりは本当はいつまでたっても検閲当局が判断を下さないという保留扱いだったようだ。それというのも、この作品のなかに毛沢東のハーレムのありようを暗示するくだりがあり、検閲当局としては、禁止にすればその理由を明示しなければならず、明示すればそのこと自体がスキャンダルになる、というジレンマにおちいったらしいという噂だった。そのせいで田壮壮個人はむしろ畏敬の目で見られていたようで、十年間監督をやれないという厳しい処分の一方、北京撮影所の製作責任者の地位を与えられるなどして、中国映画界の重鎮の位置はむしろ強化された。

「鬼が来た!」の姜文にしても、十年間監督はできないが俳優としての活動は自由である。このあたりの処罰と厚遇の矛盾にどういう思惑が作用しているのか、外部の人間には全く分らないが、ともあれ、映画の製作は自由だが、上映に関しては政府当局は絶対的な権限を持つという原則を確認し、かつ見せしめを示す、ということがよく分かったと思われる事件だった。

そうした矛盾の中で香港映画祭は、中国本土では大きな会場の大きなスクリーンで上映される機会などまずない中国のインディペンデント系の映画を、公然と上映できる場として注目され、世界各地の映画祭で作品選定に当っているディレクターたちがそれに関心を持って集まる場所になった。それらのディレクターたちが、それらの作品のなかに検閲を通っていない作品ならではの面白さを見出して自分の映画祭で上映すると、その映画祭に来ているほかの映画祭のディレクターがさらにそれを自分の映画祭に選ぶ、というようなルートで中国のインディペンデント映画は国際的に知られるようになった。

　ただ知られただけでなく、そこで外国の映画配給業者や出資者たちと出合い、その作品が外国で商業上映される道が開けたし、さらにそれを前提として出資してもらえるようになったのである。出資者には、台湾、香港、日本、さらにはフランスやドイツなど、国際的に良き文化活動を支援する思想的な土台やシステムのあるところが多かった、とは言え、これは商業上映と言っても儲けが期待できるという程のものではない。しかし支援することには文化的な意義があると国際的に認められるようになったと言えよう。

　こうして出てきた中国の現代のインディペンデント映画作家でもっとも注目された人物をひとりだけあげれば、衆目の一致するところ、ジャ・ジャンクーであろう。一九七〇年、中国山西省の小さな町の生れで、一九九三年に北京電影学院の理論科に入学し、そこで四年間学んだ。理論科というのは、映画史を主として、それに映画理論や哲学を学ぶクラスである。映画史で重点をおいていたのはアメリカ、ソビエト、フランス、そして日本の映画だったそうである。

　理論科ではあるが在学中にまず「小山の帰郷」（一九九五）という中編のビデオ作品を自分で監

督してクラスの仲間と一緒に作り、これが香港インディペンデント短編映画&ビデオ賞の金賞を得た。この頃すでに香港は中国本土のインディペンデント映画人たちの国際的な場への登竜門だったのである。次いでやはり在学中から16ミリ・フィルムによる長編劇映画第一作の「一瞬の夢」（一九九七）を同じ仲間たちと作った。これが香港映画祭をへて、翌一九九八年にはベルリン映画祭に出品されて新人監督賞であるウォルフガング・シュタウテ賞を受け、他の映画祭にも盛んに招待されて多くの賞を得た。一躍国際的に有望な新人として注目されるようになったのである。

この作品は、ジャ・ジャンクー自身の故郷がそうであるような中国北部の内陸地方の小さな町を舞台にしている。中国も上海のような沿海部の大都市は高度経済成長がはじまって景気の良さに浮かれているが、内陸部の田舎町などにはそのおこぼれはとどかず、人口の自由な流動を抑える政府の政策によって、地方の町の若者たちなどは、よほど学校の成績が良くて北京や上海の大学に合格して進学するのでもないかぎり、容易に地元を離れることは許されない。それでうだつのあがらない若者たちは、もはや社会主義社会の建設の理想もなく、大都市の繁栄にあこがれても手はとどかず、無為に群れている。そんな群れのひとつの、若者のスリ集団の生態を観察したのがこの作品である。

スリと言えば日本の黒木和雄監督も「スリ」という映画を作っている。較べてみると両者それぞれの特徴がはっきりする。黒木作品で原田芳雄が演じたスリは、長年この道一筋にやってきて、一種の芸としてのスリの技術に誇りさえ持っている男である。それが初老の年齢に達してアルコール依存症でその腕のふるえをおさえられなくなっている。そこでおちいった人生の曲がり角での苦悩が描かれている。あるいはフランス映画でロベール・ブレッソンが作った「スリ」を思い出してもいい。そこでも主人公のスリはスリという特殊な技術の面白さに魅せられて、その行為を繰り返さずにはいられなくなった男である。そんな男に恋人ができて、さあ、恋のためにはスリをやめなければならないが、はたしてそれは可能か？　という話である。いずれにしろ、スリの技術に悪の魅力といったものを見出さないと映画の主題にはならないということが大前提のようになっている。

ジャ・ジャンクーの「一瞬の夢」にはそういう映画的魅力の大前提はない。ジャ・ジャンクーの北京電影学院のクラスメートだという主役の俳優は、そもそもそんなあっと驚くようなスリの腕前を見せることができない。じつは電影学院の理論科では演技の実習もあり、このクラスメートとジャ・ジャンクーはクラスでいちばん演技が下手だとされていたそうである。この俳優がじつに不器用にスリをやる。うだつのあがらない若者たちの、そのうだつのあがらなさ加減がそこに如実に現れているようで、いっそかわいそうでさえある。

しかし、さすが超狭き門として知られるエリート校の北京電影学院の学生なら当然と言うべきか、どこか他の仲間たちとは違うという風情もあって、ちょっとした身ぶりや表情ひとつにも、その場の状況にうまく適応していない一種ぎくしゃくした、不自然さがあり、そこがかえって印象的なのである。あるべき自分と、いまある自分との間に、なにか居心地の悪い食い違いを感じているような若者の姿、というと解釈のしすぎという気がしないでもないが、なにかそんなことを考えさせられずにはいられなかった。

このスリが、案の定、その下手なスリで警官に捕まって、とりあえず大通りの道端の電信柱の支えの針金かなんかに手錠でつながれてしばらくほおっておかれる。人通りのある衆人環視のなかで、さぞかし居心地が悪いだろう。彼はちょっとするとその場でしゃがんで、不貞腐れるでもなく神妙な表情をするでもなく、ただぼんやりとうずくまる。とくべつなリアクションなどなにもしない、あるいはできないところが、かえってその場の彼の居心地の悪さを強烈に浮かびあがらせているのである。

学校での正規の課程ではないにしても実質的には殆ど映画学校の実習作品と言っていいこの作品で、ジャ・ジャンクーは明確に彼自身の映画のスタイルを示している。この作品は政府の検閲に提出したそうである。しかし不合格だった。そこで各地の大学やカフェなどに持ち込んで上映した。検閲不合格の理由はダメな若者たちばかりを描いているということだったようだ。しかし、まさにそれこそは政府公認の映画では容易に描かれない現代の中国の一面の真実なのであり、それを描くものとしてインディペンデント映画が現れたわけなのである。

「一瞬の夢」が外国の映画館に出品されてゆく過程でジャ・ジャンクーは外国のプロデューサーたちと知り合い、次に作りたい作品の企画書を渡す。こうして次の「プラットホーム」は日本の北野武のところで仕事をしていた市山尚三と香港のプロデューサーが共同で製作を引き受けることになり、フランス政府からの補助金も得て作られた。

「プラットホーム」（二〇〇〇）は、中国の文化大革命が一九七〇年代半ばに終ったあと、次の指導者の鄧小平が改革開放路線を打ち出した一九七〇年代末から一九八〇年代いっぱいの時期の物語である。中国の北方の内陸部の山西省の小さな町の青年たちが、文化工作隊を作って各地を巡業する。文化大革命の初期には若者たちは紅衛兵と名乗って社会主義建設の理想をかかげて各地を巡った。生涯生れた土地を離れないであろう大多数の若者たちにとって、それは知らない土地を歩きまわる珍しい経験でもあったのだが、それはやがて僻地に労働力として派遣される下放や、内戦同様の武闘さわぎで終った。だから、こんどはもっと、演劇や舞踊や音楽など、文化的なことを楽しみながらやろうというのはうまい考えである。

はじめはまだ毛沢東時代の続きという感じで社会主義プロパガンダ劇などをやっているが、まもなく改革開放の気運が高まってきて、人民服から新しいファッションへ、革命歌からロックへと変ってゆく。若者たちは楽しいし、この調子でどんどん開放の方へと社会は変ってゆくのだと期待する。しかし沿海地方が発展するようには内陸地方は発展しない。むしろ内陸部の若者たちは大都市に出稼ぎに行くだけで地方はさびれて停滞してゆく。それとともにこのグループも挫折してゆくのである。夢は幻滅で終るのだ。

そういう大きな時代の変化をこの映画はあまり大きな劇的な振り幅を見せず、むしろ淡々と描いている。「プラットホーム」という題はこの時代に流行った歌の題でもあり、この映画のなかでも繰り返し歌われるが、その歌詞は――

僕たちは待っている
ずっとずっと待っている

――といったものだ。

この作品もまた、検閲に提出されて不許可だった。検閲官は、文化大革命のときにいったい君は何歳だったのだ、文化大革命のことなど君には分るわけがない、といったようなことを言ったそうである。理屈にならない理屈であり、要はこの作品に流れている現状への不満が気に入らなかったのであろう。

ジャ・ジャンクーは続く「青の稲妻」(二〇〇二)で「プラットホーム」の主題をさらに尖鋭に問いつめる。こんどもやはり中国北部の内陸地方の小都市で具体的には大同である。この映画の日本公開時のパンフレットで久保玲子のインタビューに答えて彼はこう言っている。

「中国は地域差の激しい国で北京に住むのと地方に住むのでは、もの凄く違う生活が待っている。北京や上海に住む若者というのは、ほんのひと握りで、実は小さな田舎町に住んでいる若者のほうが圧倒的に多い。映画の普遍的な命題として、特別な地域に住んでいない若者を選びたいという思いがありました。僕自身が小さな町で育った人間だから、北京や上海とは違う場所に関心や思い入れを抱くのかもしれません。」

そういう地方の小さな町にも大都市の経済発展の情報は入ってくるし、商店では最新流行のファッションも人目をひく。しかし地方の産業は停滞した業者も多く、若者たちはいたずらに欲望だけかきたてられて希望はないという状況におかれているのである。そんな状況のなかにおかれた愚かな若者たちが、ついには銀行強盗をやってこの町から出てゆこうとするが、じつは彼らにはそれをうまくやってのける才覚さえもないのである。

この作品は殆ど全て素人の配役でロケーション撮影本位で作られており、細かいカット割りを排したロング・ショット、ロング・テイクが多く、映画的な作為をなるべく感じさせず、ありのままの現実を客観的に見守っているという態度が徹底している。直接の影響関係はないと思うが、これは一九四〇年代のイタリアのネオ・リアリズムの直系の後継者と言ってもいいであろう。それで観客に何かを訴えるというより、時代の証人になることに徹しているようだ。

この作品はカンヌ映画祭のコンペティション作品に選ばれた。中国政府はこれまでしばしば、本国で上映禁止になっている作品を外国の映画祭が中国代表作品としてコンペティションで上映したといって映画祭に抗議したりボイコットしたりしている。しかし外国の出資で作られて中国政府には製作の申請さえもしていなかったのであれば、それはそもそも中国国籍の映画ではないのだから抗議することもできない。無事カンヌで上映されたということはそういうことであろう。検閲を通して映画館で上映してもらわなくても、もうこの時代になるとＤＶＤでいくらでも売れるので国内で見ることができないというわけでさえもないのである。

私は二〇〇四年に上海映画祭に行った。そしてそこで意外な眺めを見た。映画祭の公式行事のなかでインディペンデント系の若い映画作家たちの集まりが持たれ、彼らを会場の舞台にあげて若い観客たちがやんやと喝采していたのである。その中心におし出されていたのがジャ・ジャンクーだった。インディペンデントと言えば政府におとなしく従わない若者たちとして弾圧されているのではあるまいかと想像していたからこれは意外だった。私はそうしたインディペンデント支持派と思われる何人かの若者たちと話し合ったが、彼らはほぼ一様に、陳凱歌や張芸謀の最新の作品に批判的だった。かつて中国映画のイデオロギー第一主義を打破して新しい映画のあり方を示し、第五世代と呼ばれた彼らが、いまや商業主義に流されていると非難されているのである。私は張芸謀など、必ずしも商業主義だけでなく良い仕事をしていると思うし、とくに田壮壮や姜文には敬服しているが、いまインディペンデントの若者たちを先頭に押し立てた新しい動きが若い観客たちやジャーナリストたちの心を熱く燃え立たせているのだった。

そしてどうやら中国の政府当局も、この動きは排除するよりも公認して取り込んだほうがいいと思ったのであろう、ジャ・ジャンクーがこの二〇〇四年に発表した「世界」は、彼の作品でははじめて検閲も通って中国の映画館で上映される作品になったのである。

「世界」は内容的にもそれまでの彼の作品とは微妙に違っている。まず地方の町の話ではなく、北京の観光名所である世界というテーマパークの話である。エッフェル塔やら破壊される前のニューヨーク貿易センタービル、インドのタージマハル、などなど世界の有名な建築物のミニチュアを見物させ、ショーを楽しませるところである。そこのダンサーや警備員たちの群像劇だが、プロの俳優たちも配役されている。中国の現実を見つめ、人心の動向を描きつづけるというテーマのあり方には変りはないが、どこでどんな角度からそれを見るかという視点の置き方には相当な違いが認められる。

「一瞬の夢」「プラットホーム」「青い稲妻」では停滞を続ける地方から脱出しようと思って脱出できない若者たちを観察し続けてきたのだが、「世界」の登場人物たちは、なにはともあれ田舎から北京へ出てきた若者たちである。そこにバラ色の人生が待っているわけではなく、むしろ厳しい現実があるわけだが、同時に夢も幻もある。ミニチュアの〈世界〉はその夢幻の皮相さの露骨なまでの表象になっているが、いくら薄っぺらなまがいものの夢であっても夢は夢だ。まがいものであることを百も承知で夢を楽しんでいる人々と、そこでけっこう酷薄な現実に直面している従業員たちの日々が描かれる。

急激な高度経済成長下にある現代中国のナマナマしい相貌がここにある。こうして夢の面もまたとりいれたことによってジャ・ジャンクーは体制側からも容認されることになったのであろうか。

映画とイデオロギー

二〇一〇年に日本で公開された映画のいくつかの作品について感じたこと、思ったことを記しておきたい。

まず、一九四七年という古い作品だが、これまで輸入公開される機会のなかったフランス映画で、ジャン＝ピエール・メルヴィル監督の「海の沈黙」。これは当時、いくつかあったドイツ軍占領下のフランス人の抵抗活動を描いた作品の代表的なひとつと言われ、原作は翻訳もされて相当な評判にもなっていたものである。占領下のパリの上流家庭が舞台である。その家はドイツ軍の命令で部屋をひとつドイツ軍の将校に提供しなければならなくなる。それでやってきたドイツ軍の若い将校は教養の豊かな人物で、フランス文学などにも通じてフランス文化を深く尊敬している。そこで毎日顔を合わせるその家の主人と娘に、自分がフランス文学やフランスの思想をどんなに敬愛しているかを語る。しかし主人と娘は、それを丁重に聞きながら、一言も喋らず、沈黙を守りとおすのである。敵意を持って憎んでいるからというのとは違う。まあはじめはそうだったかもしれないが、その将校の言っていることが嘘ではないことはだんだん分かってくる。しかし返事すらしないのである。まさに海のような沈黙である。ドイツ人将校のフランス文化理解がどんなに正しく深くても、占領者と被占領者の間に対話はあり得ない。そう態度で示しつづけることが唯一可能な答である。

この映画は第二次大戦中のフランス人の気持を描いているだけでなく、今日、フランスとドイツの協力が主軸になってユーロというヨーロッパ共同体が成立したことの精神的な土台を示していると思う。フランス人はドイツ軍に占領されてさんざんひどいめにあいながら、しかし、本当はドイツ人はフランス文化を尊敬しているのだと信じていたのだ。ヒットラーにひきいられたナチスという異常な勢力によって一時的に狂った事態になっているが、ナチスさえ去ればドイツとは再び、ヨーロッパ文明の中心をなす二つの偉大な文明として互いに一目おき、尊敬し合える仲にもどれるはずだという確信がそこにはある。だからこそ、今日のヨーロッパ共同体はあり得たのだ。

映画「海の沈黙」が示していたそんなヨーロッパの精神のありように私があらためて感銘を受けるのは、日本と中国の関係においてこんな映画は作られ得たであろうかと思ったからである。日本は歴史上長く中国文明を高く仰ぎ見てきたので、日本人の中には中国文明を深く敬愛するという精神は脈々と受け継がれてきたはずである。日中戦争に兵士として参加させられた武田泰淳や、その先輩の竹内好などは正に日本人の中にはぐくまれてきた中国理解の結晶のような若者として中国侵略に直面させられたわけで、彼らが「海の沈黙」のドイツ人将校のような存在であるドラマだって十分にあり得たはずである。ただ当時のドイツ対フランスと、日本対中国の関係で決定的に違っていたのは、当時の日本人一般の中国蔑視の激しさである。日清戦争に勝って中国を尊敬することを止めた日本人は、次いで日露戦争に勝つことで日本は中国を追い越して〝脱亜入欧〟に成功したと思い込み、歩みののろい中国を軽蔑することで西洋に対する劣等感を補ったのだと思う。その蔑視が多くの残虐行為を生み、戦後半世紀をへてもアジア共同体などということは構想は浮んでも言葉に出すこともはばかられるような深い溝を生じている。ナチスドイツの傲慢さと残虐さもひどいが、彼らの場合、ユダヤ人を主な標的にしたことでキリスト教のヨーロッパの一体性は崩さずにすんだのかもしれない。そしてそれがまた、ユダヤ対イスラムの確執の背景となって今日の世界情勢の深刻な事態に影響している。

——と言うと話は果てしなく大きくなって一本のごくごく地味な古い映画「海の沈黙」から遠く離れてしまうことになるので、ここらで止めるが、この映画にはそうした文明史的な展望に見る者をいざなう力があったと私は思う。

世界が狭くなり、国と国の相互の関係も密接さの度合いを増すと、映画も一国の問題を超えて国際関係に対して発言する傾向がふえてくる。世界の指導的な立場に立つ国としてのアメリカ映画はとくにそうである。

アメリカ映画でクリント・イーストウッド監督の「インビクタス　負けざる者たち」はその一例である。これは南アフリカ共和国の初代大統領を、政治家として、また人間としての偉大さを賛える映画であるが、アメリカとはなんの関係もない内容である。あるとすればその大統領ネルソン・

マンデラがアメリカの黒人俳優としていまピカ一の存在であるモーガン・フリーマンにちょっと似ていて、フリーマンがこれを演じることを熱望していた、ということぐらいだろうか。しかしこれは案外重大なかかわりあいかもしれない。そもそもいまアメリカ映画でモーガン・フリーマンのような黒人の名優が存在し得るということ自体が、じつは一九六〇年代の公民権運動の成果だからである。あれ以来、アメリカ映画は人間的に魅力のある立派な黒人俳優を必要とする作品をよく生み出すようになった。そしてそういう必要のなかでじっくりと育ち、あるいは育成された俳優がモーガン・フリーマンだからである。一見うだつの上がらない苦労人と見えるが、じつは底知れない智恵を何気なく身につけているというようなタイプである。庶民性とユーモアと、いざというときに見せる勇気と決断。それらはアメリカ映画が伝統的につくりあげてきたヒーローの重要な資格だが、それを黒人もまた見事に体現できることを彼は証明したし、だからこそアメリカ映画にとってなくてはならない俳優のひとりになった。

南アフリカ共和国で人種差別の撤廃という偉業をなしとげたネルソン・マンデラがどんな人物であるか、私はあまり知らない。数年前にヨーロッパで作られた作品では、不屈の闘志と冷静な状況判断に長けて、決して軽率な感情的なふるまいなどしない文字どおりの偉人として描かれていて、それはそれで納得できるものだったが、こんどクリント・イーストウッド監督の下にモーガン・フリーマンが演じたのは、誰に対しても「やあ、やあ」と気さくに呼びかける人なつっこいおやじさんで、それだけアメリカ人好みのキャラクターになっていると言える。作品全体としても、主人公の明るい楽天性とユーモアによってマンデラ大統領の考える黒人と白人の融和という理想に向かってどんどん人の輪が拡大していって、白人中心のサッカー・チームの優勝に人種対立を超えた国民的な喝采がまき起るという、まるで昔のハリウッド映画みたいな展開が気持よく描けている。

このマンデラ像が客観的に正確かどうかは私には判断できない。かなりアメリカナイズされているのではないかという気がする。たぶん、そのことによってアメリカ映画としては成功したであろうし、マンデラの人間像はアメリカに受け容れられるだろう。

しかし本当は、マンデラのキャラクターをアメリカ人好みに描いて親近感をつくり出すことよりも、もっと大切なことがそこにはあるのではないか。少なくとも、山積する難題の渦中にいるはずの人が、こうも悠々としていていいのかという違和感はぬぐえないが、世界を理解しなければならないという責任を課されているアメリカにとっては必要な映画だろう。ただし説得力は弱い。

世界を理解するということはアメリカ映画に課せられた重大な課題である。なにしろアメリカは世界の運命を左右する立場に立っているのだから。彼らが誤った世界観を持っていると、彼らだけでなく世界中がたいへんなことになるのだから。その意味でアメリカ映画に対する批評は彼らの世界観をいちいちチェックするという傾向をおびざるを得ないのである。

キャスリン・ビグロー監督の「ハート・ロッカー」はアカデミー作品賞受賞作品である。ということはアメリカ社会で公認された名作ということになる。イラクにおけるアメリカ兵を主人公にしたものであるが、前線で反米勢力と戦う兵士ではなく、反米勢力が仕掛けた地雷の除去に当る兵士を主人公にしている。そこが目新しい。これは最も危険で英雄的な任務であり、つねにいつ爆発するか分からない物と取り組みつづける作業なのでスリルとサスペンスをふんだんに仕組んで迫力を盛りあげることができる。しかしそれ以上に重要なのは、この仕事は自分が危険なだけで、イラクやアフガニスタンに投入された多くのアメリカ兵たちのように、誰がテロリストか見分けることもできないままテロリストの掃討をやらされて、誤って一般市民を殺傷したという非難を受けずにすむということである。この主人公ひとりに注目するかぎり、アメリカは世界の平和のために全く無償の善意で危険きわまりない任務に身を挺しているのである。世界の憲兵として、もっと尊敬され、感謝されたっていいのじゃないか、と言いたくもなるだろう。アメリカ人の一般にあるであろうそういう思いをこの映画は極力恩着せがましくならないように自戒しながら表現している。その気持は外国人として見ていても分かるし、ある程度まではそれに納得する。だからこそこの作品はアカデミー作品賞という、アメリカ人の自負心を満足させるに足る格式の高い賞を獲得できたのであろう。しかしその意味ではこの映画の最後のクライマックスのエピソードは行き過ぎだったのではあるまいか。

主人公の軍曹は最後に、爆弾を体に装着させられたイラク人から助けを求められる。なぜかその男は体に爆弾を巻きつけられているばかりでなくその時限爆発装置のスイッチが入れられている。自爆攻撃の勇士だった筈の男が、なぜかスイッチが入ったところで気が変って死ぬ気がなくなったというのか、あるいは元々自爆攻撃などする気は毛頭ない男が、アルカイダから自爆戦士に仕立てられて自分では外すことのできない爆弾を強制的に巻きつけられたうえでスイッチまで入れられて人通りの多い通りにほうり出されたということなのか。とにかく彼は、この爆弾を外してくれ！とわめきながら街の大通りを歩き、通行人たちはみんな爆発を怖れて彼の近くから離れていく。その中で主人公の爆発物処理係のアメリカ軍の軍曹だけが、防備用の鉄のジャケットを大いそぎで身にまとってではあるが、その男によりそって爆発装置の取り外しをやりはじめる。さすがに成功はしないが。

これはもう、アメリカはイラクの一般市民をテロリストたちの魔手から護るためにこそ命をかけているのだ、というプロパガンダである。アルカイダではない一般の人たちまで殺傷している疑いの大きな普通のアメリカ兵たちを主人公にするのではアメリカのためのプロパガンダ映画にするのは容易でないが、これならプロパガンダになる。

まさにその、テロリストとは思えない人間も一緒に殺してしまうというテロリスト掃討戦争の本質を真向から描いているのが、イスラエルとフランスとイギリスの合作で作られた「レバノン」という作品である。監督はイスラエル人である。彼は一九八二年にイスラエル軍がレバノンにまで侵攻してパレスチナ側の武装勢力を攻撃したとき、イスラエル軍の戦車兵としてこの作戦に参加した経験があるそうで、その経験を追体験するかのように、この戦争の最初の一日のイスラエル軍の行動を、主としてその先頭を走った戦車の銃眼や砲の照準鏡を通して再現してみせている。そこで描かれているのは、とてもテロリストとは思えないレバノンの首都の一般市民を、ただ進撃の邪魔だという程度の理由でどんどん殺していくイスラエル兵たちの行動である。その戦車には四人の兵士が乗っているが、なかには、こんなのは戦争じゃない、ただの虐殺だ、と思って反抗的になったり叫んだりする者もいる。しかし電話で命令してくる指揮官は、国際法で禁止されている特殊な砲弾などもどんどん使って早く進撃しろと言うばかり。確信犯的に残虐行為が指示されているのである。

主としてイスラエル人の作った映画でイスラエル軍の残虐行為が公然と暴露されていることには驚くばかりであるが、じつはイスラエル映画には以前からパレスチナとの戦争におけるイスラエルの行動を批判する作品は決して珍しくない。今回はとくに強烈だが、おだやかなものから激しいものまで、何本もそういう作品はある。そういう映画がしばしば作られているにもかかわらず、パレスチナに対するイスラエルの強圧的な態度が変らないのは、たぶん、映画を作るような文化人的な層にはハト派が多くても、イスラエル全体の中では少数派にとどまっていて政策の決定を大きく左右するには至らないからであろう。それと、タカ派の側にしても、ハト派の言い分は百も承知だが、イスラエルのユダヤ人が生き残るためにはアラブ人たちを力で押しまくるしかないと確信しているからだろう。但しナチスやソビエトのように反対派の言論活動を弾圧するわけにもいかないことは自由第一の国アメリカの保護下にある国として、これまた百も承知、ということで、イスラエルの戦争を真向大上段に告発し批判する映画を自国民が作っても平気で無視しているということか。

自国の政治に直接的には反響が期待できないとすると、イスラエルの映画人たちにとってこうした映画を作りつづける意義は何か。この映画はイギリス、フランスとの合作になっており、資金的、技術的、あるいはロケ地などについて外国の協力を得ているのだろう。上映についても、イスラエル国内よりもむしろ外国での普及のほうに力点があるのかもしれない。そして国内の世論は動かせなくても国際的な世論を動かすことで自国の横暴を牽制するという作戦なのであろう。

イスラエルに対立するパレスチナの側でも映画は作られていて、イスラエルに対するパレスチナの主張を繰り返している。貧しく、小さく、国家として認められているとも言い難いパレスチナ自体には残念ながら映画をつくり興行として成り立たせる力は乏しい。だからそれらの映画は、監督はパレスチナ人であっても、資金や撮影や上映の面ではヨーロッパの有志の参加で行われているようだ。ドイツ、フランス、ベルギー、オランダなどの人々が参加している場合が多く、ベルギーやオランダの人々が多いのはそこでの映画祭が小国の映画製作の支援を目標にかかげていることと関係があるだろう。映画はこうして、国際協力によって国際世論を喚起する手段として使われることもある。国際協力というと話は大きくなるが、しかしそれが世界の映画館で公開されたときの観客の人数を考えると、そうしたパレスチナ映画をぜんぶ集めてもアメリカのアカデミー賞受賞作としての「ハート・ロッカー」一本に遠く及ばないであろう。アメリカ兵は自分を犠牲にすることも怖れないでアラブ人を助けようとしている、という主張のほうが強い影響力を持つのだ。

ではイスラエルで自国批判の映画を作っている人々や、パレスチナでヨーロッパの有志の人たちの協力を得てイスラエル批判の映画を作っている人たちの努力は空しいのか。必ずしもそうではないだろう。イスラエルは国の総力をあげてイスラム勢力を制圧しているが実際には国内にも相当数のハト派をかかえている。ただ多数決ではタカ派が優勢だというだけである。しかしその勢力対比は不変のものではない。国際情勢も変る。世界は押合いへし合いしながらより良い解決を目ざす。その過程でパレスチナ側に立つこれらの映画は輝きを増していくであろう。

「白いリボン」は久しぶりに見るドイツ映画の秀作である。監督はミヒャエル・ハネケ。第一次大戦のはじまる直前の頃のドイツの北部のある農村が舞台だが、農村というよりは貴族の領地という感じだ。立派なお屋敷に住む領主然とした貴族の一家や、その家来のような人々の暮しぶりと、他方その村の農民たちの、貧しくて寡黙で、ただ暗い表情のまま領主の命令に従っているような日々の過し方の対比が異様なまでに印象に残る。日本の農村ではこんなイメージを思い浮べることは難しい。

封建時代の日本では、武士は主人からそれぞれに領地を与えられたが、江戸時代以降には実際には武士はそれぞれの領地の村には住まないで、主人の城下に住み、村は庄屋などの有力者に治めさせた。治めるといっても庄屋は村の主人ではない。事実上、村の政治は庄屋を中心とした地元の長老たちの合議で行われ、半ば自治と言っていい状態が普通だったと思われる。領主が威厳を持って支配するというよりは、村人の寄合などによる合議で多数の納得を得ることが重要で、日本人が美徳と考える和も、聖徳太子の憲法にまでさかのぼるというよりも、江戸時代の村のあり方で完成したものなのではないか。

ところがこの「白いリボン」に描かれている二十世紀はじめのドイツの村は、正に武士のような特権階級が村人たちの上に君臨していて、村人たちはその支配あるいは指導に一言も反対はしないのである。おそらくはこれが、西洋人の考える封建制というものの正統のありかただったのであろう。

この映画では、この村の中でときどき誰かが行方不明になったり、畑が荒らされたりするなどの事件が起こり、不安が高まるが、結局それらは謎のままで、通常のミステリー映画のように謎が明らかになって問題が解決するということはない。こうして不安が高まるいっぽうで終ってしまう。解決はしないが見ていればそれらの事件はどれも、貴族の権威主義な支配に一言も反抗を許されない農民たちの不満から生じたものであろうと想像できる。領主は農民たちに不満のはけ口を与えるかのように収穫祭のどんちゃん騒ぎなどはやらせるが、彼らと心を開いて語り合うというようなことは一切しない。農民たちと語り合わないどころか、家族とだって威厳や権威で君臨しているだけで、しかも偽善的なところがムキ出しである。家族に服従と規律を強要し、じつは暗い閉鎖的な気分をかもし出しているだけである。

作者はこうした状況を描くことを通じて、まもなくそこにナチスという威厳や規律や支配と服従のお化けのような存在が発生する下地をさぐっているのかもしれない。では日本の軍国主義の場合はどうなのか。村のあり方という点ではかなり違うのではないか。ただ、ナチスも日本の軍国主義も権威や服従ということを異様なまでに強調した点は共通しているが、その根源を村の抑圧的な体制に求めるということはあまり説得的ではないと思う。そこからはあんなエネルギーは生れ難いと思うからである。エネルギーは抑圧に対する反撥より、希望からこそ生れるものである。その希望が誤ったものであっても。

イギリス映画、ケン・ローチ監督の「エリックを探して」は、生まじめな社会派映画の多かったケン・ローチにしては珍しく喜劇的なタッチの作品である。ただし、労働者の団結という、いまでは誰も口にしなくなったテーマを断固かかげつづけているから偉い。この映画の主人公はローチの作品ではよく出てくるような下層の労働者であり、ダメ男である。結婚に失敗しておちこんでいるし、息子たちもデキが悪い。そうしてクサっていると彼の前に引退したサッカー選手の大スター、エリック・カントナ（本人出演）が現れて、人生の難関を乗り越えるヒントを与えてくれる。彼を崇拝している主人公は、そのヒントを活用してがんばる。カントナは、仲間が大事だと言う。このエリックの言葉から主人公が考えたのは、彼の職場である郵便局の労働者たちに相談すること。そこで彼の親しい労働者たちは、彼の息子を悪の道に引っぱり込もうとしているヤクザの一味を、うまいやり方でコテンパンに叩きのめしてくれる。

たあいもないと言えばまことにたあいもない話である。いくら労働者は団結せよと言ってもこれは殆んど現代のおとぎ話であるが、それでけっこう笑える映画になっている。じつはケン・ローチ作品と言っても企画はエリック・カントナの側から持ちこまれ、さて堅い映画ばかり作っているローチが果たして引き受けてくれるかどうかと思っていたところ、意外に気楽にローチが引き受けたということだったらしい。しかしローチとしてはいまや「労働者よ団結せよ！」というテーマで映画が作れるならこういうレベルでも結構、という気持だったのかもしれない。

かつて労働組合というものが社会を動かす大きな力のひとつだと考えられていた日本では、いまやそんな時代があったということすら思い出すのは難しい。イギリスもまあ、似たような状況なんじゃないか、と言うと、とんでもない！　と言われるかもしれないが、どうもそんな気がするし、だからこそ労働運動を支持する映画を作ってきたローチとしては冗談からマコトを生むような願いをこめてこの映画を作った、と、私は想像するわけだ。

私の映画批評

私は第二次大戦で日本が敗北したときに十四歳だった。それまで軍国主義を私に教え込んでいた学校教育を私はもう信頼できなくなった。その代わりに私は、アメリカ映画を見ることで民主主義を学び、世界の未来に希望を持った。以来、私にとって映画は世界のあるべき姿を学ぶテキストである。そのテキストはしばしば誤っていたり相互に矛盾していたりする。それを読み解く過程を記述することが私の映画批評である。

アメリカ映画から単純に民主主義を学ぶことができた私の少年時代とは違って、いまではそれらのテキストは矛盾と混乱に満ちている。だから批評は難しいが、それだけに正しく理解したいという思いはいっそう強い。また世界中から全く違う種類の映画が現れるようになって相互の矛盾の解決を私に要求する。たとえば次のような問題がある。

ハリウッド映画がベトナム戦争を描くときには、アメリカは勝利は得られなかったけれども、少なくとも兵士たちはじつに男らしく勇敢だった、と必ず誇らしく強調する。他方、ベトナム映画であの戦争を回顧するすぐれた作品にしばしば現れるのは、良い仲間たちがみんな死んでしまったのに、なぜ自分だけが生き残ったのだろう、という自分自身に対する問いである。それはしばしば、死者への負い目として悲しみをこめて意識される。

この両者の対比は非常に興味深い。アメリカ映画はなぜヒロイズムにこだわるのか。ベトナム映画が勝利を強調するよりもむしろ死者たちとの心の交流を描こうとするのは仏教信者だからか。もし両者を比較しながら見て考えることができるならば、多様な解釈を生み、人々の世界に対する見方はきっとより豊かになるだろう。しかし現実にはそれは難しい。ハリウッド映画はほぼ全世界で見ることができるのに、残念ながらベトナム映画を見る機会は本国以外ではきわめて限られているからである。もっと人々が容易に両者を比較できるよう、ベトナム映画のすぐれた作品を見る機会をふやしたほうがいい。

多くのハリウッド映画が病的なまでに徹底的にものを破壊することこそが観客を喜ばせるという考え方で作られている。やたらとものを壊し、浪費を愉快だと思うのは罪深いことではないのか。少なくともそれは時代に逆行する歩みであり、自分たち自身の破滅に向う好みであると私は思う。他方、ものを壊すことの最も少ない、少しのものを非常に大事にする映画を作っている国もある。その筆頭にあげるべきはモンゴルである。次にはイランをあげたい。ウズベキスタンやスリランカ、インドのケーララ州のマラヤラム語映画などのアジア諸国も、あまりものを壊さずに非常に良い映画を作っている。にもかかわらず、それらはまだ国際的には正当な評価を得ていない。

今日、映画は世界中の人々が共通のモラルを一緒に模索する場になっている。そしてそこではハリウッド映画が圧倒的に優位に立っている。映画ではアメリカ映画によってグローバリゼーションが成立しつつあり、ハリウッドの生み出す価値観と世界観が世界を覆っている。この大きな流れを抑えることは殆んど不可能かもしれない。しかし違う考え方で作られているすぐれた映画が世界にはたくさんあると私は主張したいし、それらに観客がもっと関心を持ってほしいと希望している。未来の世界映画は多様な価値観や好みを綜合したものであるべきである。そのためにはわれわれは多くの国々の映画のそれぞれの良さを理解するように努めなければならない。そのために私は、アジアフォーカス福岡国際映画祭のゼネラル・ディレクターをしばらくやった。これはアジアの約二十の国々の映画を毎年九月に日本の福岡市に集めて市の主催で行なっている映画祭である。参加した作品の多くは福岡市総合図書館のフィルム・アーカイヴに保存されている。

いまや映画批評家は配給業者たちが観客に提供する作品についてだけ批評を書いていればいい時代ではない。配給業者たちに、もっと違う映画もあることを示す仕事をしなければならないし、私は彼らや観客になぜ私のすすめるこれらの映画が面白いかを説得する文章を書かなければならない。――それが私の批評の重要な一部である。

第五章　追悼

原節子の思い出

原節子は昭和十年に十五歳で映画デビューして、昭和三十七年に引退するまで、戦前、戦中、戦後の約二十七年間に、ほぼ常にトップクラスの人気を維持した大スターである。その美しさと名演技は、今でも多くの作品で堪能することが出来る。

まずは山中貞雄監督の名作「河内山宗俊」。盛り場で甘酒を売っている可憐な少女の役である。不良の弟がやくざの親分の女と心中し損ねて相手を死なせてしまい、姉は自分が女郎に身売りして賠償するしかないと思い詰めている。そこに弟がひょっこり帰ってくる。姉にはもう叱る元気もない。弟もバツが悪くて弁解ひとつできない。そこでしばらく、二人は何も言えないまま立ったり座ったりするだけ。このパントマイムみたいな演技のなんとまあ感情のこもっていることか。デビュー一年ぐらいの十五歳の新人とは思えない。

のちに彼女は、ときには大根よばわりもされることになるのだが、それは下手だったということではなくて、お手本のない、やたら難しい演技を要求されることが多かったからである。

戦後すぐの黒澤明監督の「わが青春に悔いなし」と「白痴」がそうだった。「わが青春に悔いなし」では彼女は、戦前の大学の学長の令嬢という役である。父親が自由主義的な思想で文部大臣から迫害されると、学生達が学長の家に集まって、文部省への抵抗運動をはじめる。しかしそれも不利な状況になってくると脱落者が出てくる。原節子の令嬢を慕っていた学生の一人がそうなって、彼女の家にやってきて情けない言い訳をする。すると彼女は、何も言わずに、ただ彼をじっと見据える。こういう場面がいくつかあるのだが、その威厳のある態度がどれもゾクゾクするほど良かった。

それは当時の常識では、女が威張っている西洋にはあるけれども、女はナヨナヨしていなければならない日本には無いはずのポーズであり表情だった。

ドストエフスキー原作の「白痴」ともなればなおさらである。そもそも日本にはいなかった十九世紀ヨーロッパ独特の高級娼婦の役である。娼婦だが、深い苦悩を内に抱え、凡庸な男たちなどは見下して昂然としている。情の濃さを良しとする日本の高級な芸者などとも違う強烈な人格だ。むき出しの強い自我と純粋さで、立派な男たちとは真っ正面から相対し、ダメな男たちの無礼は許さない。そんな女を日本人でも演じられるかどうかという黒澤ならではの実験で、私は堪能した。しかしこれこそが無理解な批評家たちには、大根の証拠みたいな演技に見えたのだった。

黒澤明は、これからは日本の女性も西洋の女のように強くなければならないという思いから、あえて原節子に日本人離れのした演技を求めたのである。伝統的にはなかった種類の演技スタイルだから、やれば失敗する恐れが強い。しかし戦後の変革の気運のなかでその狙いに共感していた私などは、そうだそうだ、俺は憧れの女性からこんなふうに冷たく見下されるような男には絶対にならないぞと、ゾクゾクしながら見て感激したものだ。これは誰かが率先してやらなければならない種類の役だった。が、残念ながら大人の多くは、この西洋かぶれの女め！　という反応だった。

この反発から彼女を救い上げてくれたのが小津安二郎である。「晩春」にはじまる小津の一連の名作では、彼女は常に、まことに慎ましく、自我を心の内深く隠している。その立ち居振る舞いの優しさ美しさ。まこと伝統的な日本女性の鑑だった。しかし、しかしだ。だからといって「わが青春に悔いなし」と「白痴」のあの黒澤世界の原節子を忘れていいわけはない。彼女はどちらも立派に演じることが出来た。美しいだけでなく、演技の実力もあったからである。

今や小津は世界映画史上でも最高の監督という評価が高まり、その一連の傑作で彼女は不滅である。私は一度だけ、松竹大船撮影所のスタジオで小津が原節子を演出している現場を見学したことがある。原が椅子に掛けている傍に、笠智衆と中村伸郎と十朱久雄が立っていて、この三人の大ベテランが震えんばかりに硬くなっているのに、原節子一人が悠然としていたことが強く印象に残っている。小津は俳優の一挙手一投足に細かく指示をしながら一つのカットを何十回も撮り直すので有名だったから、この時もそうだったのだろう。ただ、特定の俳優だけは殆ど注意なしだったという。この時の彼女はそうだったに違いない。とてもいいところを見た、と私の一生の思い出である。

山田五十鈴さんを悼む

堂々と生きた大女優

山田五十鈴さんがなくなられた。

以前、ニューヨークにある日本文化紹介機関が日本映画の名作特集を行なったとき、アメリカ人の著名な女流評論家スーザン・ソンタグが日本映画にくわしいというので番組を選んでもらったところ、最初に溝口健二監督の昭和十一年（一九三六年）の山田五十鈴主演作「祇園の姉妹《きょうだい》」を置き、オープニングのあいさつで、こんなに早い時期にこれだけ堂々と女性の人権主張を表現した映画の傑作は世界にもちょっとないのではないか、という意味のことを述べたという。機会があったら山田さんにお知らせしたかった。

山田五十鈴さんは一九一七年、大阪の生まれである。父は山田九州男という新派の人気俳優で、母は売れっ子の芸者だった。この芸人一家の娘として彼女は幼い頃から、それはそれは厳しく、三味線その他の芸ごとを仕込まれたという。晩年、芸術座の舞台劇「たぬき」で、小唄、端唄、新内、義太夫を三味線で弾き分けるという名演が大評判になって芸術祭大賞を受賞したが、それはその訓練に磨きをかけた成果だった。

映画界に入ったのは十三歳のとき。それでいきなり大スターの大河内傳次郎の相手役だった。時代劇で順調でアイドルからスターへと進むが、昭和十一年に「祇園の姉妹」と「浪華悲歌《エレジー》」という二本の溝口健二作品の主役を演じたことが、世界の映画史にも残るような大きな芸術的業績になる。

前者では客の男たちを手玉にとって復讐される芸者、後者では頼りない父や兄のためにつつもたせをやって警察に捕まる電話交換手。どちらも世間の目からは不良少女にしか見えないが、本人の気持では男性優位社会の矛盾に体当りの抵抗を試みているつもりという役である。この二本の山田五十鈴の、勝手な男たちに対して腹の底から抗議する演技の迫力は圧倒的で、日本映画にリアリズム演技を確立したものといっても過言ではない。

人気スターとしての彼女は当時のトップスターだった長谷川一夫などとの名コンビで、明るくオキャンでお色気もある粋な江戸前の女といった役どころが多かった。人気絶頂期の代表作としては、一九三八年の成瀬巳喜男監督の「鶴八鶴次郎」をあげたい。とても美しい情感のあふれる芸道ものであり、人情ものであり、そして一種の悲恋ものである。相手役は長谷川一夫。こんなに見事に日本の大衆芸能の演技術の精髄を身につけた芸達者同士の共演というのは滅多《めった》にあるものではない。

戦後はまず、東宝争議の渦中で作られた衣笠貞之助監督の「女優」(一九四七年)がある。日本の新劇の最初のスター女優である松井須磨子の伝記映画である。彼女が演出家からイプセンの「人形の家」の講義を受け、女が子どもを置いて家を出ていいものかどうかと質問され、きっぱりとそういうヒロインのノラの行動を肯定する答をする。そのときの山田五十鈴の凜とした表情が忘れ難い。

それからしばらく、左翼の亀井文夫監督の「女ひとり大地を行く」(一九五三年)で炭鉱で働く女の一生を演じるなど、大スターの立場をかなぐり捨てたような行動で驚かせたり、そうかと思うと黒澤明監督の「蜘蛛巣城《くものすじょう》」(一九五七年)でマクベス夫人に相当する役を、能の身ぶりをとり入れて演じるという彼女ならではの演技で見事にやってのけたり、日本映画界で別格の大女優でありつづけた。

山田五十鈴を語る場合、省略するわけにゆかないのは何度も結婚や同棲《どうせい》をくり返したことである。男女関係が厳しく見られた時代にあって、彼女の場合は例外的にそれがスキャンダルとして扱われなかった。あまりに堂々としていたことと、それが彼女自身の芸の進展や思想の模索と明らかに結びついていて、色ごとというにはむしろ爽快なくらいだったからである。年をとって映画の主役が少なくなると、練達の芸を生かせる舞台に仕事を移し、見事、女優であることを全うした。見事な人生であったと思う。ご冥福を祈る。

山口淑子さんを悼む

日本人の夢 演じきる

昭和十年代の半ば、私がまだ小学生のころ、山口淑子は李香蘭だった。中国の風景を背景に声の美しい中国人少女が、長谷川一夫などと楽しそうに話している。日本は中国で戦争をしていて、中国人は危険な敵だと思っていたのに、中国人にも日本人を敵とは思わない人もいる。それが良い中国人だと教わっていたが、なるほどと思った。

その少女が李香蘭で忽《たちま》ち皆のアイドルになった。凄いブームだった。

それにしては日本語が上手すぎる、という疑念はあったから、敗戦後に彼女が、本名の山口淑子で日本に帰ったときには、やっぱり、と思った。戦争中の日本人は、嘘でもいいから日本人を愛する中国人女性がいるという夢を見たかった。だから誰も本当は日本人ではないかとは追及しなかった。この夢を作ったのは満州映画協会である。旧満州（現中国東北部）では中国人は中国映画を見ていたが昭和十年頃の中国映画は左翼系作品の盛り上がりが目覚ましく、日本批判の作品も少なくなかった。そんな中国映画から満州の中国人を引き離すには、中国語の映画を満州でも作らなくてはならない、という国策で発足したのが満映である。満映は李香蘭を出して日本でも知られた。

彼女は一九二〇年、満州の生まれである。父親は満鉄（南満州鉄道）の社員に中国語を教えていた。それで彼女も幼い頃から中国語を徹底的に教えられた。現在の瀋陽でロシア人のソプラノ歌手に声楽を学ぶ。当時の満州にはロシア革命を逃れてきた優れた芸術家が多かったが、日本では容易に得られない教養を彼女はこうして身につけた。この歌手としての才能を認められてラジオに出るようになり、さらに満映にスカウトされる。日本人であることを絶対秘密にするという戦略を立てたのは満映である。

一九四三年に、日本軍の占領下の上海の撮影所で作られた中国映画に、「萬世流芳」がある。日本との合作で満映も加わっており、李香蘭が特別出演している。アヘン戦争を扱ったものであるが、その中でフィルム一巻ぐらい、李香蘭が飴《あめ》売りの役で出ている。アヘン窟の中で飴を売りながらアヘンの恐ろしさを歌で説く。殆どそこだけ半ば独立したミュージカルになっているのであるが、ここで観客は待ってましたとばかりに、どっと沸いたのではないか。そう大向こうの喝采を狙った演出だ。ということはもう李香蘭の名は上海にも鳴り響いていたのだ。

この場面の李香蘭は本当に素晴らしい。若さに溢《あふ》れて元気よく、階段を駆け上ったり駆け下りたり。猛烈なエネルギーを発散しているのにチャーミングである。

じつは日本の占領下の上海では何本か日本映画が公開されている。李香蘭の「支那の夜」もかなりの反響を得ている。中国の人達も李香蘭の歌には魅了されていたのである。しかしあの作品は日本の戦争を正当化しようとしているから許せないと憤激する人が多く、そんな映画に中国人が出演するとはなにごとか、と怒った。敗戦のとき、彼女が逮捕されて裁判にかけられたのはこの映画の反響の大きさのためである。

戦後、日本映画に復帰して山口淑子にもどった彼女の立場は難しいものだった。大スターではあるが実はそれまで日本の映画人たちは彼女を外国人として遇していた。

彼女自身、北京の中国人女学校に通っていたときに、反日的な動きがあって危険だからと、寄宿していた中国人の家の人から注意されて日本人に特徴的な態度をしないように努めたという。それは、やたらにお辞儀をしたり、意味のない愛想笑いをすることなどである。しかし日本人らしさを制御した演技者にはどんな役があるか。日本人離れした役ということになる。しかしそういう役はそんなにない。

まず「わが生涯のかゞやける日」のキャバレーのダンサーと、「暁の脱走」の前線慰問隊の歌手。戦後間もない時期に濃密なラブシーンを堂々とやってのけた。アメリカ映画「東は東」にもでた。「白夫人の妖恋」は日本映画だが中国の話だからお手の物だった。しかし当時の日本映画は彼女を少々もて余し気味だった。日本的であることを超えていたから。

むしろ彼女は身についた国際感覚と語学力でテレビの外国取材で成功し、さらに政治に進んだ。そこで李香蘭時代に世を欺いたことの反省を生かそうと誠実に努めた。立派な人だったと思う。

森繁久彌さんを悼む

森繁久彌が映画でデビューした頃のことはいまでもじつに印象に鮮やかである。昭和二十五年(一九五〇年)の最初の主演作「腰抜け二刀流」から数本はよくあるドタバタ調の喜劇だったのであまり気にもとめなかった。上手い、と思ったのはまず「三等重役」シリーズの、ちょっとずるい人事課長。オーナー社長が戦後に公職追放になったために、社員から昇格した新社長を下から操っている小才の利いた男である。

自信のないサラリーマン社長の下にあって、いかにも卑屈そうにずるくふるまってはいるが、じつは八方気をくばって会社を動かしている。こういう男たちこそが戦後の日本経済を復興させたのではないか。ヒーローではない、しがない男たちであるが、そんな男たちに共感したのが、まだやっと占領下が終わったあの時代だった。

つぎに、これは本当に上手い! と感嘆したのがマキノ雅弘監督の「次郎長三国志」の東宝の最初のシリーズにおける森の石松。これほどノーテンキで純情な石松は見たことがない。昭和二十七〜二十八年のことである。そしてあの、いまや伝説となった昭和三十年の「夫婦善哉」の大ブレークになる。

道楽者であるために家を勘当され、淡島千景の水商売をやっている女の厄介になりながらのうのうと暮らしている、そんなダメ男をじつに面白く演じた。面白さの理由のひとつは演技のスピードにあったと監督の豊田四郎が感心していた。普通ならセリフがあってから動作になるところで、セリフと動作が一緒に進んでゆく。この調子のよさが一種のさわやかさになり、快感になるのだという。

自信のない男がなぜか軽快に動く。まあなんとかなるさ、とばかりに。これこそあの、敗戦後の復興期の日本人の気分だったのではないか。こんな後ろ向きな映画がなぜ評判になるのだろう、と、当時、他にもあったダメ男の虚無的な人生を描いた作品の「浮雲」と並べて評論されたこともあったが、自信喪失や自己卑下と、軽快な行動性とが一緒になっていたところが新しかったのだ。

この「夫婦善哉」の大成功が喜劇人たちを大きく刺激した。それまで喜劇俳優とは、ちょっと愚かなフリをして珍妙な演技をするものときまっており、普通の役に配役されてシリアスな演技を要求されることはなかった。ところがこの新進森繁久彌は、ドタバタ喜劇から出てきたのに、心理的なリアリズム演技を求められるいわゆる文芸映画で評判になった。

自分たちも本当はああいう演技が出来るのだ、と喜劇人たちが競って普通のドラマの重要な役に挑戦するようになったのである。なかでいちばん成功したのは伴淳三郎だろう。アジャ・パーなどという奇声で人気のあった彼は、名作「飢餓海峡」の人情刑事役で心にしみるしみじみした人柄を見せたし、森繁久彌と舞台では一緒に喜劇をやっていた有島一郎、テレビの喜劇で人気のあった藤田まことなども、むしろシリアスな役で知られるようになった。

森繁久彌自身がそうであったように、喜劇人には下積みの苦労の長かった人が多い。その苦労の味をにじみ出させるような役に出合ったとき、まるで人が変わったように、人生の厳しさをさりげない微苦笑ひとつで表現してみせることができる。こうして日本の俳優たちの芸域が配役の意外性で拡大された。

日本が高度経済成長をなしとげた昭和四十年代。かつての「三等重役」のしがない人事課長は「社長」シリーズの社長になっている。なにかというと宴会ばかりやっている、まるで家族のように和気あいあいとした会社である。森繁久彌の社長は部下たちを楽しく遊ばせることが自分の仕事であるようにふるまっていた。あれは日本の企業の現実ではないが、バブルのようなひとつの夢であったことは確かだろう。森繁久彌はまさに日本の戦後を体現した俳優であったと思う。

高倉健さん

高倉健はもともと俳優になりたくてなった人ではない。

私が直接ご本人から聞いた話では、学生時代は相当な暴れん坊として鳴らしていたというし、たまたま恩師の紹介で芸能プロの就職試験を受けに東映本社の地下の喫茶店に行ったところを大プロデューサーだったマキノ光雄にスカウトされた。

いい男だったことは間違いないし、暴れん坊だったイキの良さもあったに違いない。それに、俳優志望ではなく気軽にふるまっていたのがかえって目立ったのかもしれない。

デビュー当初、そんな調子の良さがB級のアクションものなどでは結構通用した。しかし、三年目のとき、巨匠・内田吐夢の「森と湖のまつり」で演じたアイヌ独立運動の青年役では、軽い調子は許されなかった。徹底的にしぼられたあげく、「働く者の手ではない」とまで言われた。そんなこと俺のせいかとハラを立て、監督をぶん殴ってロケ地の北海道から逃げてやろうか、とさえ思ったそうである。

しかし結局、この時、悩んだことが俳優の道への開眼となった。

高倉健が役になりきるために、徹底的に努力する俳優であることは、共演した俳優やスタッフの伝える話でよく知られている。

役の気持ちを忘れないために、雪の中に何時間も立ちつくして、次の撮影を待ち続けるという話もその一つ。殆ど愚直という印象だ。学生時代の暴れん坊ぶりと矛盾するようだが、思い込んだら命がけという一途さの表裏の現れからかもしれない。

一九六三年、「人生劇場　飛車角」のヒットから十年続く任俠映画の流行がはじまるが、そこで高倉健は共演する先輩の鶴田浩二を追い抜いて、トップスターになる。上手いという点では、鶴田のやくざぶりのほうが堂に入っている。だが、ファンは高倉健の一途さ、真っ正直さに打たれたのだ。

しかし、やくざ映画は所詮やくざ映画。女や子ども、老人は見ない。高倉健は老若男女を引きつける映画を目指す。「八甲田山」や「幸福の黄色いハンカチ」、「鉄道員《ぽっぽや》」、「南極物語」などの路線である。これまでとは逆の家庭向きの健全映画だが、任俠映画の役からそこに一貫しているのは、愚直なまでの一途さである。そしてそれは、俳優自身の内部から出てくるものなのだ。高倉健はそこに立っているだけで、存在感を放つ稀有なスターだった。

菅原文太さん

菅原文太は俳優としてデビューしてから長い間、あまり目立たない存在だった。顔も良いし、演技もできる。ただ、愛想がなくて甘い表情もしない。何か近寄りにくい。木下恵介監督の「死闘の伝説」という作品は、まさにそうしたキャラクターを生かした役で注目されたものだったが、そんな役がいつもあるわけではない。

そんな彼がまず注目されたのは、東映任侠映画が全盛だった時期にひょっこり、その合間に生まれた「現代やくざ　人斬り与太」という小品の暴力映画だった。彼はこれで、美化された任侠映画の主人公たちの格好良さ、スマートさに、あえて異議を唱えるかのような演技をした。すさんだ、容赦のない暴力の怖さとやり切れなさ、さらには、そのぶざまささえも捨て身で演じたのである。

これが認められ、その監督だった深作欣二の大作「仁義なき戦い」シリーズで主役に起用された。そして、任侠映画から実録暴力団映画に路線を切り替えた東映を支えるスターになった。一九七〇年代に一世を風靡《ふうび》したこの暴力路線で、菅原文太の演技を一本だけ挙げれば、「県警対組織暴力」の悪徳刑事の役だ。暗い鬱屈した暴力である。あの高度経済成長後の浮かれていた時期に、何かに憑かれたかのように、暴力に夢中になってゆく男が描かれていた。

しかし、この流行も十年足らずで終わる。暴力路線への関心など、そう長く続くものでもない。問題は、そこからどう新しい道を開いてゆくかであるが、菅原文太が進んだのは鈴木則文監督による「トラック野郎」シリーズだった。キンキラキンの満艦飾の装飾を施した大型トラックでの全国各地への旅。けんかとギャグと人情と。大衆映画に必要とされる要素を、これでもか、これでもか、とばかりに盛り込んだような内容である。

その悪気のない威勢の良さと陽気さ、そして、いつもお祭りのような活気が若い人たちに受けたようだ。まあ、実際に長距離トラックで地道に働いている人たちのなかには「自分たちがあんな乱暴者だと誤解されたら迷惑だ」という声もあったようであるが、労働に景気づけは必要なものでもある。まあ良かったのではないだろうか。

以後、菅原文太は一段と大きくなった風格で見応えのある俳優になった。ＮＨＫの大河ドラマ「獅子の時代」の主役の会津藩士から自由民権運動に身を投じる男などが良い。堂々としているが、いつも孤立して、何か憑かれたように、いちずにわが道を行く男が特に良い。こういう役者は年輪を重ねることで、さらに違った顔を見せてくれるようになるのではないか。そう思えただけに、突然の死が一層、惜しまれるのである。

さようなら　エリザベス・テイラー

エリザベス・テイラーでまず思い出すのは一九五〇年の「花嫁の父」である。娘の結婚式にのぞむ父親の複雑な心境を描いた名作だが、花嫁を演じた彼女の輝くばかりの美しさ、かわいらしさといったらなかった。アメリカが強いだけでなく保守的なモラルの点でも自信にあふれていた時代の、世界のお手本のような理想の家族像がそこにはあったからだ。

「陽のあたる場所」「雨の朝巴里に死す」「ジャイアンツ」。一作ごとに美人の誉れ高く、いい男たちに言い寄られすぎて困ってしまうという、まことにぜいたくな悩みをおっとりと演じて彼女は五〇年代のアメリカを代表するスターになった。「ジャイアンツ」の大牧場主の夫人など、若くしてもうひとかどの分別と風格さえそなえて、アメリカの立派さというものを代表しているかのように思えたものである。良かったなあ、もう。

そんな彼女が五〇年代末にはイメージを一変する。「熱いトタン屋根の猫」「去年の夏 突然に」。いずれも激しい欲求不満や衝動につき動かされて七転八倒する女のドラマを熱演した力作である。その頂点とも言うべき作品がアカデミー主演女優賞を獲得した一九六六年の「バージニア・ウルフなんかこわくない」だ。六〇年代はベトナム戦争の反戦運動と公民権運動、さらにはヒッピーの動きなどを通じてアメリカが大きく変った時期だったが、しかしそれにしても、ハリウッド映画をきれいごとのメロドラマでも代表するスターだった彼女の、怖れを知らぬ変貌ぶりにはびっくりしたものだ。

同時に私生活での結婚離婚の繰り返しが作品以上に話題となったり、超大作として華美を極めて作られた「クレオパトラ」がメジャーの製作会社の経営をあやうくするような浪費だと見られたり、ほとんどアメリカの混迷ぶりと彼女の人生がだぶって見える印象でさえもあった。それほどにスケールの大きいスターはもう現れないのではないかとさえ思う。

エリザベス・テイラーの主な出演作

一九四四年　緑園の天使
一九四九年　若草物語
一九五〇年　花嫁の父
一九五一年　陽のあたる場所
一九五六年　ジャイアンツ
一九五七年　愛情の花咲く樹
一九五八年　熱いトタン屋根の猫

一九六〇年　バターフィールド8
一九六三年　クレオパトラ
一九六五年　いそしぎ
一九六六年　バージニア・ウルフなんかこわくない
一九六七年　じゃじゃ馬ならし
一九六八年　夕なぎ
一九七六年　青い鳥
一九八〇年　クリスタル殺人事件

大島　渚

　あるテレビドラマを見ていたら、登場人物の一人がとつぜん、もうひとりの人物に「大島渚君、君の意見はどうです?」と呼びかけ、呼ばれたほうが大島渚のモノ真似と声帯模写で喋り出した。さっぱり似てはいなかったが、映画監督がモノ真似の対象になるのは珍しいことで、びっくりした。むかしタモリが寺山修司のモノ真似をしたことがあるが、あれ以来か。もちろん寺山修司にしても大島渚にしても、映画監督としての言動が真似の材料になっているわけではない。よくテレビに出て、社会や人生や、もろもろのことによく意見を言う人物として知られているのだ。

　とくに大島渚のばあい、硬派の討論番組からにぎにぎしいクイズ番組まで、それに女性の人生相談的な番組まで、硬軟とりまぜ、じつに多様なテレビ番組に、このところほとんど出ずっぱりに出ているので、誰でも知っている人物になっている。

　しかし言うまでもなく大島渚はほんらい映画監督である。映画の仕事が忙しくなればテレビ出演などすべて中止して映画にうち込むはずである。それがそうできないからテレビで八面六臂《はちめんろっぴ》の大活躍をしているわけで、映画監督としての彼の次の作品に期待しているファンにとっては才能の浪費とも見えていささか複雑な気分である。

しかし多分彼は、テレビに出て本業以外のことをやっているように見えるけれども、あれはやはり、暇つぶしでも資金かせぎでも人気の維持のためでもなくて、映画を作る作業の一環としてやっていることなのだと思う。

なんといってもテレビは現代の思潮や風俗の中心に位置してそれを動かしているものである。その渦巻の中に身をさらしつづけることで、つねに思潮風俗の先端にあるべきものとしての映画の感覚をとぎすましているのだと思う。テレビ的人間としての大島渚の面白さは、雄弁と博識と貫録は言うまでもないとして、もうひとつ、和服にしろ洋服にしろ、しばしばじつに派手なよそおいで堂々と現れるということもある。ファッション・ショーのモデルさえやったことがある。これは基本的に趣味の問題であるが、風俗の最先端に身をさらす以上、中途半端なやり方ではだめで、徹底してやらなければならないとする彼の真面目さからくるものだとも言えると思う。そうすればただ風俗の先端を観察できるだけでなく、彼自身がアンテナと化すことになるはずだ。

映画というものは、時代の風俗の表面を写しとりながら、その本質をえぐり出すときにいちばん生き生きとしてくるものである。大島渚の映画はとくにそうで、最初のヒット作の「青春残酷物語」以来、新しい風俗の中から時代がどう変わりつつあるかということの意味を摑み出すことは彼の作品の大きな魅力だった。

凡庸な人間ならそこで才能を浪費して流行に流されてしまうかもしれないが、彼はそういう人間ではない。なぜそう言えるか。ひとつだけ例をあげよう。

以前彼は、テレビで「女の学校」という女性の身上相談の回答者をやっていたことがある。そしてこの番組をやる以前と以後とで、彼の映画の性格に微妙な変化が生じた。それ以前の大島渚の映画は、「青春残酷物語」や「日本の夜と霧」、「絞死刑」など、男性中心的で、男の視点から社会や人間を見るという傾向が強く感じられたものである。それがテレビの「女の学校」以後、「愛のコリーダ」や「愛の亡霊」、「マックス、モン・アムール」など、女性中心的、あるいは女の視点で社会や人間を見る傾向というものがぐっと前面に出てきて、作品の奥行きを深いものにした。

どうやらテレビは単なるアルバイトではなく、彼自身にとっても、学校あるいは研究所だったのだろう。

大島渚は一九三二年、京都市の生まれである。対馬藩の家老の家系で、曾祖父に勤皇の志士だった人がおり、少年時代に彼はそのことに大きな誇りを感じたらしい。父親は水産技術者で、彼が六歳のときに亡くなっているが、たくさんの蔵書を残し、左翼的な本など禁じられていた戦争中にも、中学生として他の中学生がとても読めない高度に知的な本を手にすることができた。父親の死後、非常にしっかりした人だった母親が働きながら彼と妹を育てた。この母親は先年亡くなられたが、大島渚は終生たいへんな孝行息子だった。

大学は京都大学法学部。優秀な学生だったようである。学生時代には演劇活動と学生運動をやり、戦後の左翼学生運動の昂揚期に京都府学連の委員長になって政治的な闘争に明け暮れる日々も経験している。

当時の学生運動は日本共産党に牛耳られており、そのなかで共産党員でなかった彼は痛い思いをすることが多く、その経験がのちに、問題作「日本の夜と霧」の思想的骨子になっている。

学生演劇はやったが、とくに映画青年だったわけではなく、大学を卒業して映画界に入ったのは半ば偶然である。つまり卒業時にいくつかの会社の入社試験を受けたが、猛烈な就職難の時代で、結局合格したのは松竹大船撮影所だったということである。助監督生活を五年やり、一九五九年に自作のシナリオ「鳩を売る少年」で監督に抜擢された。この作品は改題されて「愛と希望の街」という映画になる。

当時、映画界はいちばんの盛況時で、撮影所は景気が良く、人間もひしめいており、五年で監督になれたというのは異例の驚異的なスピード昇進だった。上がつかえているために、まずは十年ぐらいは助監督で辛抱するのが普通と見られていた時代である。

じっさいには映画の作り方を学ぶのに十年も助監督をする必要はなく、むしろ長すぎる修業は若さが失われて損なのであるが、日本の会社組織の年功序列方式から結果として当時はそうなっていた。大島渚はこの年功序列をとび越えることを早くから意図し、そのために着々と行動を重ねていた。松竹の社長の城戸四郎は早くからシナリオの書ける助監督を監督に抜擢するという方針を持っていたが、大島渚は助監督仲間の有志を集めてシナリオ集を刊行し、それに力作を相次いで発表した。

また、私と経済学者の野口雄一郎が共同で、当時私が編集していた雑誌『映画評論』に「「眠れる獅子――松竹大船」を批判する」というルポルタージュを発表したことがあり、そこでは松竹大船は老大国化しているからダメだという論旨を展開していて、その指摘が経営の具体的な事柄にも及んでいたために松竹の上層部でも問題になったことがあった。そのとき大島渚は、私とはすでに他の同人雑誌で知り合いであったが、反論を書いて持って来たので、私は次の号にそれを載せた。そこでは大島渚は、私と野口雄一郎のルポルタージュは老大国大船をどう改革するかに触れていないからダメだと言い、新しい勢力を積極的に起用してゆかなければいけないのだと主張していた。つまり松竹は自分たちを至急、新人として起用せよという気迫の満々たる文章であった。

じつは城戸四郎自身、松竹大船の伝統的な人情劇的映画が儲からなくなって、そうした映画作法の行き詰まりを感じていたので、こうしたやる気のある助監督の存在は気になっていたはずである。たまたま同時期、フランス映画でヌーベルバーグと呼ばれる動きが台頭してきて、二十代の助監督経験もない若い監督たちが新風を巻き起こしていると伝えられていたこと、あるいは数年前に主として松竹などから大量に引き抜かれていった助監督たちが日活で監督に昇進しはじめ、日活映画を大いに若返らせて活況を呈するようになっていたこと、などが城戸四郎を動かす大きな気運をかもし出していたと言えるかもしれない。

そうした客観情勢があったが、城戸四郎が社内の年功序列体制を無視してまだ二十代だった大島渚を監督に起用したことは、当時、少なくとも若干の映画批評家や映画ジャーナリストたちには非常に歓迎すべきことと見られ、ごく一部の人々の間であるにしろ、注目されたものである。

大島渚はこのように、べつに金持ちではないが知的には豊かな家庭に育ち、家系に誇りを持ち、秀才コースを歩み、存分に活動的な学生生活をへて、撮影所でも低賃金の助監督時代にぜんぜんしょぼくれたりせずに大いにやる気を見せ、客観情勢を結果として自分に有利に引き寄せてスピード昇進した。助監督時代にすでに、スターの小山明子と恋仲になっていたが、これも彼が、助監督たちの中でとくに輝く存在であった例証のひとつになるだろう。

小山明子とは監督になってまもなく、一九六〇年に結婚したが、以来、模範的な夫婦だった。息子が二人いるが、申し分なく立派な青年たちである。大島渚が孝行息子であったことはすでに述べたが、あらゆる面から見て大島渚は家庭人として立派であり、良い家庭に育った人間として良い家庭をつくるということに、非常に明確な意志的なものを感じさせる。芸術家にはある程度、自堕落な私生活も許されるといった甘えはみじんもない。そんな甘さに頼ることなく、自分を律し、自分の作品も律していくことができるという強烈な自負心があるのだろう。

映画作家としての大島渚は既成のモラルに繰り返し強い疑問を投げかける映画を作っているが、彼自身は強いモラルを持った人間である。彼が作家として作品で提出する既成のモラルへの疑問は、自分自身そのモラルを守れない人間の愚痴とか弁明ではないという点が重要である。彼には自己の弁明のために映画を作るといった弱さはない。

むしろ、作品で社会に大きくゆさぶりをかけようとする者としては、自分自身はあくまで堅固に身を処してゆかなければならないと考えているようだ。だから立派な家庭を堅持するということは彼にとっては安定志向とはぜんぜん違うのであり、むしろ危険な戦いを大いに闘うための堅固な基地づくりを思わせる。

映画監督にもいろいろあるが、大島渚の特色は、一九五九年に第一作を発表して以来、つねに新しいテーマ、新しい主張、新しい方法を試みつづけてきたというところにある。たいていの監督は、なにかヒット作を出して、そこに自分の得意のテーマや方法を自覚すると、あとはそれを繰返して、同じタイプのもっと上手い映画、もっと完璧な映画を作ろうと努力するものだが、大島渚はそうはしない。つねに新しいものを求めて、前の作品から飛躍しようとする。

これは、才気のあり余る監督が、悲劇もやれる、喜劇もやれる、なんでもやってみたいと言ってつぎつぎに違ったものを作るのとは違うのである。ただ違ったもの、目新しいものをやりたいというのではない。あくまでも未知の何かを求めて、それまでの自分を超えようとするのである。時代の最先端を行こうとするのである。具体的に見ていってみよう。

第一作の「愛と希望の街」（一九五九年）は、貧しい少年と金持ちのお嬢さんとの友情という、それまで彼が助監督として映画作法を学んできた松竹大船撮影所の好みの題材をとりあげながら、結論的にこの撮影所の伝統と言われる甘いムードや感傷的な解決のつけ方をしなかった映画だった。

貧乏人は貧乏人、金持ちは金持ち、互いに相手には頼れないし、相手の立場になってみることもできない。ただ、相手と真剣にぶつかることで自分というものをもっと鋭く自覚できる。そういう主張をきっぱりうち出している映画で、金持ちと貧乏人が現れればきっとよく理解しあうことになるか、片方を悪者にしてしまう大船映画のおきまりの筋書きを止めて、真実を見ろ！　と叫んだ作品だった。社長の城戸四郎は、自分が育ててきた従来の大船調をある程度革新してくれる映画になるのではないかと思ってこれを作らせたのだが、その結果があまりにきっぱりしたもので、大船調への否定になっていたので激怒して、大島渚にはしばらく次の仕事をさせなかった。

しかし案外この映画が好評だったので、城戸四郎は大島渚に第二作を作らせた。「青春残酷物語」（一九六〇年）である。こんどは彼は、好き勝手な生き方をすることで社会に反抗しようとする若者たちを描いた。それは当時流行していた石原慎太郎と石原裕次郎のいわゆる太陽族ものに似ていたが、それよりずっと厳しいものであった。この作品のヒットが松竹の経営陣を動かし、若い助監督たちをつぎつぎに抜擢する気運を生んでマスコミの注目をあび、これが松竹ヌーベルバーグと呼ばれた。

この松竹ヌーベルバーグのクライマックスとも言うべきものが彼の「日本の夜と霧」という作品だった。前述のようにこの作品には彼の学生運動の活動家時代の経験が盛り込まれているのだが、それを単に青春回顧として提出するのでなく、折から急速に社会の先端的な問題になっていた旧左翼対新左翼の激論として展開したのだった。

この点でこの映画は、当時の思想状況の最先端を行くものとなった。最先端を行く内容だから商売にもなるはずだ、と会社の首脳部に思わせたのかどうか、とにかく左翼運動内部の政治的討論に終始するこの作品を松竹のような保守的な映画会社の企画に乗せることに成功したこと自体、ほとんど奇蹟的と思われたものである。

事実、会社側には相当な危惧があったようだが、「青春残酷物語」とそれに続く「太陽の墓場」のヒットという実績と、企画に自信を失っていた会社側のためらいに乗じて、大島渚は強行突破した。強行突破のためには撮影が長引くことは好ましくないということから、オール・セット撮影の長回しのデスカッション・ドラマという形式も生まれたようである。

結局この映画は、興行的には失敗したし、それを口実に三日で上映をうち切られ、おりから起こった浅沼社会党委員長暗殺事件との関連で裏に政治的圧力があったのではないかとも言われるようになって、ひとつの社会的事件となった。また、この上映中止をめぐる大島渚と会社側の対立が尾を引いて、大島渚とその支持者たちがやがて松竹を去るということにもなった。大島渚と小山明子の結婚式はこの問題が騒然としていた時期に行われ、その披露宴は新郎自身が先頭に立って会社を弾劾する一大演説会となり、会場にいた松竹首脳部の何人かは憮然たる表情だったものである。

異例の監督昇進、奇蹟のように思われた「日本の夜と霧」の製作に引きつづき、その後も何度か、大島渚は、その時代の映画の常識では不可能と思われていたことをやりとげて危機を打開している。そのひとつはATG（日本アート・シアター・ギルド）での一千万円映画の製作である。

松竹をとび出した彼は一時東映に迎えられて「天草四郎時貞」を作ったが、これは失敗だった。

大手の会社ではもう仕事をさせてくれるところがなく、テレビのドキュメンタリーをやっていたが、韓国にロケした作品を作ったとき、路上の貧しい子どもたちの健気《けなげ》な生活ぶりを写真に撮った。あとでこれをスチール構成の映画にしてナレーションを入れ、「ユンボギの日記」という短篇にした。いわばこれは、自分の小遣いで作ったプライベート・フィルムである。

これをATGの新宿文化という映画館で夜だけ上映してもらうと、けっこう見にくる人がいた。そこで、この映画館一館で仮に一ヵ月上映しただけで元がとれる製作費というとどれくらいだろうというところから逆算して最低限の予算をはじき出し、それで作れる長篇映画として、当時評判だった白土三平の劇画『忍者武芸帳』を、アニメーションにするのでなく、原画をトリミングしてモンタージュするという、いちばん金のかからないやり方で映画にした。これをATGで上映すると、これがまた、注目され、客も来たのである。

こうした実験のつみ重ねのうえで、一千万円の製作費で劇映画を作り、それまで洋画の芸術作品を専門に上映していたATGの全国の加盟館で上映するという構想がATGで成り立った。そしてその第一作を大島渚がやることになった。

しかし、さて、ごく普通のB級映画の製作費が五千万円ぐらいだった時代である。どうしたら一千万円で劇映画が作れるか。いちばんやりたい題材としては小松川高校事件を扱った在日朝鮮人の少年死刑囚を主人公とするシナリオがあったが、これはそのままでは一千万円では無理である。しかし死刑場という場を一ヵ所にしぼってデスカッション・ドラマにするならば、セットもひとつですみ、登場人物は七人だけ、彼らの衣裳も一着ずつですむ。しかも配役は一般公募した素人の主役以外は同志的な仲間だけのプロとアマの混成でやり、さしあたり全員一律十万円でやってもらう。セット一ヵ所の少人数で集中的に撮影できれば期間も短くてすみ、ドラマはぐんと煮つまったものになる。

こうして安上がりでありながら逆に内容の密度はぐっと濃いものにする工夫が重ねられた。出来上がった作品はかつてなく高度な皮肉と知性をもって裁判制度を批判し、民族差別問題に切り込んだ傑作になった。製作費の乏しさを知恵と工夫と努力でのり越え、なまじの大作などよりずっと衝撃的な映画「絞死刑」（一九六八年）を作りあげたのである。

一九七六年の「愛のコリーダ」のときもそうである。これは愛人の性器を切り取ったことで有名になった阿部定をヒロインとする映画だが、性器を堂々と大写しにすることで、セックスの問題を真っ向から見据える傑作になり得た作品である。

当時、ポルノ解禁は世界的に進行していたが、直接性器を写したいわゆるハードコア・ポルノはだいたいにおいて興味本位のもので、思想的、芸術的に本格的なものはまだなかった。これはやはり、先端を行く試みであった。

しかし日本ではハードコア・ポルノは公開できないばかりでなく現像もできない。

そこで大島渚は名案をあみ出した。この映画はフランスのプロデューサーの提案に応えて企画されたものだが、日本で撮影したフィルムを未現像のままフランスに送り、そこで現像し編集し世界に配給するのである。

こうすれば日本では輸入作品として税関でボカシを要求されて不完全版しか公開できないが、外国ではポルノ解禁の度合いに応じてより完全な版が上映されることになる。

「愛のコリーダ」はハードコア・ポルノの最初の芸術映画として評価を得て、国際的に広く上映されて大ヒットした。日本映画は海外で上映されるといってもだいたいはアートシアター的なところで限られた観客に見られるのがせいぜい。大衆的な規模で知られる作品は滅多にない。「愛のコリーダ」はその滅多にない作品のひとつである。ポルノとしてセンセーションを起こしたのであるが、日本は浮世絵の春画で知られるようにポルノを芸術に高めるという独特の文化を持つ国であったという伝統にのっとり、これを国際的に広めるという仕事であって、単なるセンセーショナリズムではない。

この作品の成功以後、大島渚は国際的な監督になり、黒澤明に次いでつねに世界規模のマーケットを視野に入れて映画を作る日本では例外的な監督となった。

一九八三年の「戦場のメリークリスマス」は、日本、イギリス、ニュージーランドをはじめじつに多くの国籍の人々の共同作業によって出来たし、一九八六年の「マックス、モン・アムール」はフランス映画である。とくに後者は日本の話ではなく、日本人が登場する物語でさえもない。純粋に外国の映画を日本の監督が作るということはすでに黒澤明の「デルス・ウザーラ」で試みられているが、こういうことも、従来の常識では考えられなかったことである。しかし、やってみれば、日本人だからといって日本の話か日本人の登場する物語しか映画にできないというわけはないということが新しい常識になっていく。

こうして大島渚は、古い常識をつぎつぎに作り変えてきたのである。

志村喬という俳優

敗戦後ひとしきり、戦前の映画が占領軍の検閲を受けて再上映されていた時期がある。当時見た戦前のチャンバラ映画に、嵐寛寿郎主演の「むっつり右門」シリーズがあった。そこでいつも、寛寿郎の与力の右門の敵役として、アバタの敬四郎という、やはり与力のあわて者の侍の役で出ていたのが志村喬だった。冷静沈着な寛寿郎に対して、いつも軽率に無実の者を捕えて笑い者にされるのである。それで戦後、黒澤明の「酔いどれ天使」（一九四八）で、三船敏郎の若くて絶望しているやくざを叱って説教する医者を演じているのを見て、ヤ、ヤ、ヤ、と驚いたものだ。

もちろん志村喬は戦前にもすでに、伊丹万作監督の名作「赤西蠣太」（一九三六）で、おちついた風格の侍をやっているし、マキノ正博監督のセリフがぜんぶ歌という異色ミュージカル時代劇の「鴛鴦歌合戦」（一九三九）で、よく歌ってびっくりさせてもいる。すでに名脇役だったのである。しかしそれでも、「酔いどれ天使」で準主役と言うべき大きな役で、作品のテーマを背負うような重要なセリフを力強くたくさん言えたことの意義は大きい。黒澤明は作品のメッセージをセリフで直接謳いあげることをためらわない思想家的な映画作家だが、彼は志村喬を主役に得ることで、そういう作家的なありかたを、自信を持って押し出せたのではないか。

時代劇の脇役には、歌舞伎や新国劇などの剣戟芝居の出身者、あるいはその弟子筋の人が多いと思うのだが、志村喬は関西大学の英文科の学生時代からシェークスピアやゴールズワージを学び、学生演劇では、大正末期頃の新劇で盛んだったアイルランド劇で初舞台を踏んでいる。だかられっきとした新劇青年だったわけだ。時代劇映画でプロの俳優になったのは単純に関西出身だったからであろう。関西で俳優になろうとすれば時代劇専門の京都の撮影所に入るのがいちばん手っとり早かった。ただ時代劇で型にはまった役を型どおりにこなしてゆくことにあきたりなく思うようになった頃、東宝のプロデューサー森田信義にすすめられて黒澤明の「姿三四郎」(一九四三)の古い柔術家の役に出演することになった。それで東京に移り、以後、黒澤作品の常連になって新しい道が開けた。

「酔いどれ天使」という題は志村喬の演じる医者を意味していて、黒澤明としてはこれが主人公というつもりだったのだ。ところがこの医者の患者の若いやくざに起用された新人の三船敏郎があまりに素晴らしく、演出でもこっちがふくらんで、結果として三船敏郎主演という形になってしまった。しかし志村喬がつまらなかったわけでは決してない。ただ、あくまでも全力投球の熱演を求める黒澤明の演出に応じて少しわざとらしくなったかもしれない。

志村喬と三船敏郎が本当にいい共演者、名コンビになったのは翌一九四九年の「野良犬」である。この作品では二人はともに警視庁の刑事である。三船の若い刑事が人ごみの中でスリにピストルをすられて、そのピストルを捜す捜査を命じられる。そのとき、先輩として一緒に東京中を歩きまわってくれる中年の刑事を志村喬が演じる。三船が責任感と血気にはやってミスを重ねたり、どうしたらいいか分からなくなるとき、まあそんなに血気にはやるんじゃない、とニコニコやさしく指導してくれるのが志村である。熱演は新人の若者にまかせ、ベテランはベテランらしく、ゆったりと風格の大きさと豊かさを何気なく見せる。この組み合わせが素晴らしいものだった。

一九五二年の「生きる」と、一九五四年の「七人の侍」で、志村喬は俳優としてのキャリアの頂点に達する。「生きる」では、あと半年という己れの余命を知って、悔いのない最良の生き方をしようとする初老の公務員を演じる。これほど真剣で大真面目なテーマをかかげた映画も滅多にない。それを志村喬は、なりふりかまわず力演した。野暮を承知で徹底的に恰好悪く演じた。この野暮さ、恰好悪さこそは誰も真似できないもので、「右門捕物帖」のアバタの敬四郎の、あの野暮さ、ぶざまさを人生の無駄とは認めない、むしろ凡庸な人間の正直な姿として活用する健気さの成果だった。訥弁のカリカチュアのようなセリフの口調が誠実さの証拠のようにさえもなった。

そんな鈍才ぶりで画期的な演技を見せた志村喬が、「七人の侍」では、かつて敗れたりとはいえ一国一城の軍勢を自在に指揮したであろう百戦錬磨の侍大将ぶりを演じる。自分から気取りこそしないが、厳しく濃い経験が一挙手一投足にみなぎっていて、ふだんは温和なのが、なにか危険を感じた瞬間に見事に引きしまる。「生きる」で身近にただよわせていた鈍なところは「七人の侍」ではどこにも見当たらない。

「生きる」と「七人の侍」は日本映画史上に不滅の名作であるが、志村喬には他にもいくつかの重要な作品がある。

まず、ファンなら誰でもあげるのは一九五五年の丸山誠治監督の「男ありて」である。プロ野球のあまり強くない球団の監督の役で、家庭などかえりみるひまもなく、いつも明日のゲームの作戦ばかり考えている。しかしただの仕事人間ではなく、彼には彼なりの、妻への思いやりもチームのメンバーの誰彼への気づかいもあることが、さり気ないデリケートな演出と演技で示されていた。

山田洋次監督の「男はつらいよ」シリーズで、寅さんの義弟の父親の役で三度ほど出演しているが、家庭をなおざりにした仕事人間としては「男ありて」以上という設定で、息子から恨まれている生まじめな学究である。それで息子の人生を狂わせてしまったことを後悔して息子・博とさくらの結婚式に突然現れるのだが、ユーモアを主軸としたこのシリーズの中では驚くほどに厳粛な感銘のあるエピソードになっている。

有名な作品としては黒澤明の「羅生門」(一九五〇)の木樵り。やはり黒澤明の「醜聞(スキャンダル)」(一九五〇)での少々滑稽な弁護士、「ゴジラ」(一九五四)の科学者など、たくさんあるが、地味な苦労人という印象がいつも基本になっていた。まじめな苦労人だから人の悩みに共感し、一緒に心配するといった姿が似合う。その点でいちばんだったのは、これも黒澤明作品の「生きものの記録」(一九五五)だった。日本映画史上、屈指の名優のひとりである。

降旗康男の高倉健映画

一九八一年の、倉本聰脚本、降旗康男監督の「駅／STATION」では、高倉健は刑事を演じている。それまでの、やくざ乃至《ないし》は犯罪者をもっぱら演じていたことからするとこれは正に一八〇度の方向転換である。しかも拳銃の名手としてオリンピックの日本代表の役割りもつとめるエリートである。その腕前を買われて犯罪者を射殺せざるを得ない立場に二度も立たされて任務を果たす。そのためにこの職務に嫌気がさして悩むこともあるが、結局は刑事を天職と自覚してますます励む様子で終りになる。やくざ映画の彼を支持したファンはこれを裏切りと見なして離れていったかといえば、そういう人もいたかもしれないが、むしろやくざ映画をモラル的に嫌悪して高倉健を見なかった人々を新たにファンとして獲得したことのほうが多かったのではないか。

大スターが亡くなるとメディアがひとしきり追悼で忙しくなるのはいつものことであるが、高倉健の追悼はかつてない大規模なものだった。とくに中年の女性などがテレビのインタビューに答えて追悼の言葉などを述べている様子が目立ったが、四十年以上も前の任俠映画時代のファンだけだったらこうはならなかったに違いない。山田洋次作品の「幸福の黄色いハンカチ」でやくざの足を洗って正業についた高倉健を見て以来、この「駅／STATION」の刑事、「鉄道員《ぽっぽや》」（一九九九）の鉄道員など、堅いうえにも堅い公務員やそれに準じるような職業を演じて女性や中高年の地道な人々の支持を得たことが決定的だったはずである。

ただし、演じる職業は違っても彼の性格の基本に変りはない。強いこと、男らしいこと、正義感を持っていること、情にあついこと、などなどは任侠映画のときの役の性格と変りはない。変りがないというより、任侠映画で身につけたオーラが堅気の職業を演じても生きている。それと重要なのは、やくざの役ではラブシーンをのびのびと演じることは原則的に無理であるが、堅気の職業だとこれこそが見るべき場面になる。やくざなら薄幸の遊女かなにかと情を交わしても、すぐ彼女をふり捨て斬り込みなどに行くことになるから女性ファンの支持は得られないが、堅気の職業なら彼の男らしさを女性ファンも心ゆくまでたんのうしていられるからである。

というわけで「駅／STATION」では、刑事としての彼のスリリングな行動での強さだけでなく、倍賞千恵子の演じる北海道の海辺の町の居酒屋のおかみとの、恋愛と情事のムードたっぷりのラブシーンを心ゆくまで楽しむことができるのである。これはこれまでの高倉健の映画には欠けていた要素であり、降旗康男監督にはこういう情緒のかもし出しかたの上手さがあったのかと、あらためて見直させる良さがあった。

つづく「居酒屋兆治」（一九八三）は、さらに存分に降旗康男の情感演出の芸を見せた作品である。原作は山口瞳。脚本は大野靖子で、函館を舞台にして、そこで居酒屋をやっている男を高倉健が演じる。れっきとしたサラリーマンだった男だが、会社で首キリ役を押しつけられたのを機会に、会社をやめたというあたり、人並みより少し俠気と義理人情のわきまえがあるキャラクターであり、そこに任俠映画スターとして身につけたオーラが役に立っている。彼の店「兆治」には彼のそんな人柄に共鳴できるご近所衆が集って和気あいあいとした気分をかもし出している。なかにはヘンな奴もいたりするが、それをひたすら忍耐と儀礼的なふるまいとでおさめてゆく兆治の態度にこめられているのは任俠映画の我慢の美学と共通するもので、そこにも高倉健の任俠映画で身につけたマナーが生かされている。

こうして任俠映画以来の健さんファンの求めるものも充たしながら、やはりこれは脱任俠映画として恋愛中心のメロドラマになっている。大原麗子がかつて彼の恋人だった女を演じており、いま牧場主の妻になっているこの女が彼を慕って家出し、それが放火までしたと疑われて警察が捜査する。彼女は身をかくしてバアなどで働きながらときどき兆治に電話をかけてくる。それで兆治までが警察に疑われる。兆治には申し分なくものの分った加藤登紀子の妻がおり、かわいい女の子も二人いて、兆治は見るからに誠実な男だから、昔の恋人のことでこの家族がどうなるということはまずないと予想できる。そこで、このロマンスは大原麗子がひとりで苦しんで悶えるだけのものとなり、三角関係のメロドラマの形はとらない。ただ愚かであわれな女と、それに同情と多少の責任を感じて困ってオロオロする男とがいるだけである。しかしまあ現実には間違った結婚選択をして後悔して、それが身を滅ぼすところまでいってしまうというような男女関係はいくらでもあるだろうから、ロマンスとしては体をなしていなくても、恋愛の失敗の例としてはむしろたいへん現実味のある物語と言えるかもしれない。その意味で大原麗子のヒロインの愚かさにあきれつつ、しかしなんとも哀切な共感や同情も感じられる。彼女が憐れな死をとげたあと、彼女のために心を振りまわされた経験を持つ人たちが多数参列して行なわれるラストの葬式の場面はじつに哀切な情感に充たされていて忘れ難い。自分に惚れすぎて身を滅してしまった女の葬式で、彼女に惚れて捨てられて自分の男としての魅力の無さを思い知らされて苦しんでいる男たち、つまり捨てられた夫や求婚してはねつけられた純情なサラリーマンなどを励ます立場にまわる男。まあ、こんな役が見事にサマになる役者なんて、高倉健以外に誰がいるだろう。

ことほどさように高倉健のいい男ぶりはきわだっている。「居酒屋兆治」はそのいい男ぶりにまいった女が勝手に七転八倒する悲劇と言うべき作品だった。一九八九年の向田邦子の原作による降旗康男監督作品「あ・うん」もまた、ひとりの凡庸な男が、軍隊で知り合った戦友と生涯の親友になり、その男のあまりのいい男ぶりにさんざんふりまわされ、己れの凡庸さと男としてのつまらなさをとことん思い知らされる物語だった。

一般にはこの原作は、二人の男の友情を、両方の家族ぐるみの親しく楽しい交際として、昭和初期のまだ平和だった時代から戦争の時代へと移り変る世相の中で描いた、美しくもなつかしい情感あふるる物語として知られている。テレビドラマでもそう描かれていた。

ただ、この映画化作品で板東英二と富司純子のサラリーマン夫婦の家に、門倉さんと呼ばれる元戦友の企業家の友人がしょっちゅう訪ねて来るのは、じつは門倉さんが友人の妻に惚れているからであるということは公然の秘密という扱いになっている。そう分っていても決してそれが危険な問題に発展することはないと固くみんなが信じ合っている、という前提になっている。登場人物たち同士だけでなく、観客も読者もそこは信じて安心しているという前提のもとで、それをいくらかサスペンスとしてまた喜劇味として楽しむことのできる物語なのだ。

しかしその門倉さんに高倉健が配役されるとなると話は違ってくる。あまりにも彼はいい男であり、板東英二は対等のつきあいの親友だと言い張れば言い張るほど劣等感をつのらせるのが当り前という感じになる。

「居酒屋兆治」で高倉健が、大原麗子の元恋人に手を出そうとはしなかったように、門倉さんも親友の妻の富司純子に手を出すことはない。プラトニック・ラブをそれ自体貴重なものとして楽しんでいるのだ。しかしそれが親友を傷つけ、親友とその妻をやがて戦地となるジャワに追いやることになる。これもそういう辛さにあふれた悲劇であり、なかなか厳しい愛のドラマなのだ。

この作品では高倉健は完全に一介の小市民になりきっており、任侠映画時代の役柄の利用はなにもやっていない。任侠映画時代に藤純子主演の「緋牡丹博徒」シリーズにいつも客演しており、その藤純子が子育てが終って久しぶりに映画に出るようになり、芸名も富司純子とあらためてこの「あ・うん」に出る。それでおつきあいに、ということで門倉さんを演じたということらしい。しかしどうやらこれで、やくざ映画で築いたキャラクターとは縁が切れた。やくざ映画の後光なしで男と女の愛についてのドラマの主人公を、しかし余人には近づけない存在感をもって演じられる稀有のスターになった。

とはいえ、「あ・うん」の高倉健がそれほど評判になったわけではない。むしろ観客は女性にやさしい高倉健には、まだとまどっていたようだ。

世間が高倉健の変身に納得したのは「鉄道員《ぽっぽや》」である。生涯を鉄道の機関助手から機関士として過し、そして北海道の支線の終点の小さな駅の駅長として定年を迎えようとしている、まことに地道な健全な生き方に捧げた男の人生は賞讃に価する。遺作となった「あなたへ」もそうである。これらについてはすでによく見られているし相当の評価もなされていると思うのでくわしく述べることは省略する。私としてはとくに「居酒屋兆治」と「あ・うん」の二本が、日本映画では、たとえば三船敏郎がそうだったように、強そうで立派そうなスターはシリアスなラブシーンは演じないというしきたりを破って高度な恋愛ドラマを完成させた秀作であったと、この際あらためて強調しておきたい。

第六章　人気者

銀幕に輝きて——ひばり映画5選

人気歌手がそのヒット曲を歌うように請われて、映画に出演するのはよくあることだった。多くの場合はその曲を歌うためだけに出演するので、ちょっと出るだけで、演技力を問われるような大きな役ではない。あるいは演技力を認められた場合は、本来の歌手としての傾向とは違う役柄だったりする。

美空ひばりの場合は、それがだいぶ違う。彼女ははじめ、笠置シズ子の陽気なブギウギなどの真似で評判になったのだが、それで主役として映画に迎えられると、新たに作詞作曲して与えられたのは「悲しき口笛」という切々たる哀調あふるる歌である。

以後、彼女は映画では必ず歌い、それがいちばんの見せ場であることに変わりはないのだが、その作品と直接結びつく主題曲があるわけでは必ずしもない。「東京キッド」や、「リンゴ追分」の絶唱のある「リンゴ園の少女」などは、歌手としての彼女のための映画だったと言えるが、「ひばり捕物帖」「殿さま弥次喜多」「べらんめえ芸者」など、人気があってシリーズ化されたものには、特定の主題歌でなく、にぎにぎしく各種の歌が入っているものが多い。つまり特別にヒットした歌が入っていなくてもファンには受けたのである。演技力か、美人か。正直に言って彼女はそれらで評判になったことはない。それらの要素がなくても、いくつものシリーズものを絶え間なく続けることができたのはなぜか。それらとは別にファンを引きつける何かがあったのだ、と言わなければならない。

その何かとは何か。愛嬌か。江利チエミや雪村いづみ。ずっと後輩では和田アキ子などが愛嬌のある歌手、女優の例である。美空ひばりもそうであるが、少し違う。愛嬌とはもともと、へり下りながら発散するものであるが、ひばりにはその必要がなかった。幼い頃から天才と呼ばれ、賞賛され続けて、あこがれのマトだった。文化人的な人々からは大人の色気まで真似るのがおぞましいと見られてバッシングを受けたが、庶民の世界、とくに子どもの世界では、彼女が現われてニッコリ笑うと、そこにひとつの王国ができた。その王国は成長して若者世代になると、ジャズ娘たちとも交流して隆盛を誇る。

さらにその世代の女性達がお嫁に行く頃には、「べらんめえ芸者」シリーズを支える層になって高倉健とのラブシーンを楽しむ。しかし芸者というイメージにはとかく発展性が乏しく、むしろ切なさがつきまとう。ひばり自身、そこで王国を解散して、「悲しい酒」の世界にひとりでこもるようになったようだ。それは彼女の王国に結集した世代が望むものだっただろうか。

ブギウギの真似の賑やかな解放感から、「悲しい酒」の切ない孤独感まで、それは殆ど日本の戦後史そのものである。

「悲しき口笛」昭和二十四年（一九四九）

美空ひばりの最初の主演映画である。この作品で彼女は、それまでとかく物議をかもした大人の歌の真似ではなく、彼女のために作られた最初の歌謡曲である「悲しき口笛」を朗々と歌って大ヒットさせた。ストーリーは単純だが、のちに社会派映画で名をなす家城巳代治監督らしく、まだ敗戦後四年目の厳しい世相も盛り込んだ内容だった。そしてその悲しみを謳いあげる一方、敗戦でこそ得られた自由と解放感もそこには表現されている……と当時私は映画館で観て感じた。彼女が当時マスコミから浴びていた猛烈なバッシングは、敗戦で自由を得た子どもたちの奔放さに対する大人の嫉妬だったのだ、と、冗談でなく私は思っている。

「東京キッド」昭和二十五年（一九五〇）

美空ひばりを育んだ戦後という時代は、貧しくて切なくて悲惨な時代だったが、同時に解放感にあふれた時代でもあった。子どもも軍国教育から解放されたのである。その自由な気分を代表したのが、美空ひばりだった。その意味での代表作を一本挙げれば「東京キッド」である。なにしろ子どもは子どもらしくという束縛を振り切って、心ゆくまで大人の歌を歌うのだから。戦争に負けてかえって良かったのだという人々の本音が、無心に泣き、無心に歌いまくる少女のまわりに旋風を巻き起こし、川田晴久や堺駿二などの喜劇人たちを元気づける。そういう頼もしい子どもとして彼女は時代の先頭に立ったのだった。

「伊豆の踊子」昭和二十九年（一九五四）

美空ひばりは女優としては生涯、大衆的な娯楽作品に徹したが、二度だけ、いわゆる芸術的な映画にチャレンジしたことがある。ひとつは五所平之助監督による樋口一葉の「たけくらべ」、もうひとつは川端康成原作の本作である。どちらも決して悪い出来ではないのだが、なにか他所の家にお客様として迎えられているような神妙さがあって、気心の知れた親しい仲間のなかで騒いだりすねたり怒ったりしていてこそ、彼女ならではの愛嬌がでるのだと逆に教えられたものである。しかし神妙なひばりも気分が変わっていい。なにより珍しくかしこまった彼女がそこにいる。かしこまるのもええじゃないか。

「ジャンケン娘」昭和三十年（一九五五）

美空ひばりの歌手としての絶唱をひとつだけ挙げれば「リンゴ追分」だと思う。しかし彼女はあの切ないまでの悲哀だけでなく、なんでも歌えたし、誰とでも勝負して女王の座を維持することを期待された。それで新興のジャズ系を代表する江利チエミや、ラテン音楽系で出てきた雪村いづみとの勝負を求められたのが、この映画である。世代的には全く一緒だが、歌の出身分野にズレがある三人娘のいわば歌合戦だ。しかしストーリー的にはあくまでも友情を高らかに謳う。日本は世界の音楽の坩堝であるが、中核をなすのは日本調。なんでも歌えるけれどもそれを日本調でまとめる位置にいるのが、ひばりちゃんだ。

「ひばり捕物帖　かんざし小判」昭和三十三年（一九五八）

美空ひばりの目明しが、歌って踊って捕物の立回りも演じるという、ミュージカル調のファンタスティックな時代劇である。お姫さま、尼さん、目明し、歌舞伎の弁慶など、つぎつぎに姿を変える七変化の踊りもある。東千代之介の陽気な浪人者とのコンビも息が合って楽しい。沢島監督がそれまでの時代劇の重々しさとはうって変わった軽快な調子を出して、ヌーベルバーグと言われたものである。天才少女だったひばりは、この頃から気っぷのいい姐御ふうにもなり、さらには愛嬌と頼もしさを兼ね備えた女親分ふうの役柄でファンに慕われることになる。その出発点としての初々しさがここにはある。

撮影所　スター物語1

松竹大船撮影所

いま日本映画の大多数はたくさんある小規模なプロダクションで製作されており、撮影所はただ作業する所でしかないが、一九七〇年代頃までは十ヵ所ぐらいあった撮影所がそれぞれ企画から完成まで責任を持って年間五十本ぐらいずつ作っていたものである。

撮影所ごとに専属のスタッフと俳優たちがいて、得意とする内容がきまっており、東宝なら青春ものかサラリーマン喜劇、東映京都なら時代劇か任俠ものである。

どこも当たった作品があるとそのパターンを繰り返すので、いつも型どおりだと批判されたが、その繰り返しからこそ、洗練の極みのような名作も生まれた。

撮影所全盛時代にその経営の軸になっていたのは、どんなスターをどう育てるかということだった。公募やスカウトで集めた新人を訓練して次々と作品に出演させる。人気の出てくる者がいると、その新人にいちばん似合う役柄をきめて、同じ役柄を繰り返しているうちに人気が爆発するとスターになる。撮影所はこういうスターを常時何人か育成していて、一定の型の映画を作りつづけ、また新しい路線を模索したのである。

　昭和十一年（一九三六年）に蒲田から引っ越してきた松竹大船はこういうスターづくりの上手さで定評のある撮影所だった。もっぱら女性ファンの喜びそうな映画をつくった。だから女優の育成に力をそそいだ。前身の蒲田撮影所でスターになった栗島すみ子、田中絹代、まだ子役だった高峰秀子に引きつづいて、高峰三枝子、木暮実千代、戦後はさらに、岸惠子、淡島千景、倍賞千恵子、岩下志麻などを育てて女優王国と謳われた。日活育ちで東宝でスターになった原節子も、大船の小津安二郎の一連の名作に客演して不滅の存在になった。

　五歳から映画に出た高峰秀子の場合は、まず活発な女の子として人気者になって、従来の新派悲劇のかわいそうな子役の型を一変させた。従順な子より元気な子のほうが家庭の近代化の様子を示していて好ましいという感じ方が広まった。

　とはいえお茶目《ちゃめ》な彼女には、大船主流のメロドラマの涙をさそうヒロイン役は似合わない。だから十代で東宝に移って「秀子の応援団長」など、東宝が模索していた青春ものでスターに躍進したのは進路選択の成功だった。そして人生の苦労を知った大人になってまた大船に迎えられ、「二十四の瞳」で戦争の苦難に耐えた日本の母親の代表のような役で国民的な大女優になった。

　大船作品は女性メロドラマとホームドラマが主であったので、男優はマッチョは不要で、女性にやさしくふるまえるタイプが選ばれた。貴公子の上原謙、明朗でさっぱりした佐野周二、無口で誠実な佐分利信が戦前の恋人役三羽烏《がらす》。戦後はひたすら純粋な佐田啓二や悪気のない高橋貞二である。三國連太郎も純情な美青年として育成されたが、本人がその枠におさまらず、とび出して行った。しかし大船がつくり出した最大のフェミニスト男性はもう「男はつらいよ」の、いつも美女の前でタジタジとなる渥美清の寅さんである。

女性映画というと感傷的なロマンスばかりのように見られることもあるが、そこには自《おの》ずから女性の自立や自尊心の主題も育つ。戦前最大のヒット作の「愛染かつら」は田中絹代の働くシングルマザーの物語だし、木下恵介監督が大女優たちを動員して豪華キャストで作った「女の園」は女子大の封建性と戦う女子学生たちの話である。

二〇〇〇年に大船撮影所はなくなった。しかし大船調と呼ばれたこの撮影所の良き伝統は今も大船出身の山田洋次監督には保たれている。彼の作品では時代劇でさえも、立派な侍が女性に対してじつにこまやかに気づかいをするし、自分で丁重に結婚を申し込む。そんな侍は他の撮影所では描かれることはなかった。

撮影所 スター物語2

東宝

東京の世田谷の砧に東宝スタジオがある。その前身は昭和七年（一九三二年）に発足したＰＣＬ（写真化学研究所）で、これが昭和十八年に小林一三の宝塚劇場と結んで東宝の撮影所になった。技術者集団と近代的な資本家が手を組んだので、義理人情的な傾向の強い従来の映画会社よりぐっと合理的な経営をするぞ、と発足当時大いに自己主張したものである。

それまで縁故採用だった映画界で昭和十一年に最初の社員公募をやったことはその一例である。黒澤明はそれで助監督に採用された。じつは規定より学歴が足りなかったが、面接した山本嘉次郎監督が才能を見ぬいたのである。敗戦後すぐ、ニューフェースと称して俳優志願者の公募を最初にやったのもこの撮影所で、三船敏郎や久我美子など多くの新しいスターが出た。

三船敏郎は軍隊帰りで、職を探してこの撮影所に戦友を訪ねてきたところ面接に回されたのだった。男はツラでメシを喰《く》うものじゃないと思っていた彼はそこで少々不貞腐《ふてくさ》れて面接委員たちのひんしゅくを買っていたのだが、そこを面白いと評価したのがやはり山本嘉次郎監督だった。

はたせるかな三船敏郎は黒澤明から戦後の混乱した社会に体ごとぶつかってゆくような役につぎつぎに起用されて、既成の俳優にないナマナマしい演技で時代を画するスターになり、それを時代劇に応用した「七人の侍」その他で世界に日本のサムライの誇りを知らせる大きな存在になった。
ただしそれはあくまで黒澤と三船の突出した才能の成果で、他人が真似られるものではないし、東宝も似たような俳優を育成しようとはしていない。一部にこういう異色の才能を出す余裕を保ちながら、主流はいくつかの安定した路線もので固めてゆくのが撮影所の経営である。そしてさらにスターになった俳優を巨匠作品で磨きをかけて名優に格上げするのだ。青春映画の人気者だった高峰秀子も成瀬巳喜男の「浮雲」で大女優になった。

発足当初、スタッフ、キャストの人材は既成の他社から引きぬいてくるしかなかったので、他社にない独自のものといえば喜劇王と言われた榎本健一や、それと張り合っていた古川ロッパなどの大衆演劇系の喜劇人を集めたお笑いものぐらいだったが、これはずっと後年にも森繁久彌や三木のり平などのにぎやかなサラリーマン喜劇、植木等の「スーダラ節」ものなどに引き継がれて全盛期の東宝のドル箱になった。

長谷川一夫、山田五十鈴、高峰秀子などの他社から迎えた大スターでなく、東宝が独自に育成したスターはまず池部良である。そして「青い山脈」で池部良の旧制高校生がまぶしいように見上げる女学校の先生を演じたのが原節子だ。日活でアイドルだったのが東宝に迎えられてスターとして開花した彼女は、近より難いほどの硬い清潔な美しさが魅力であり、その生まじめさで、男たちにとっては彼女から励まされたいと思うような存在だった。

直接製作にはかかわらなかったが、資本家としての小林一三は自ら宝塚歌劇を育成して芸能には見識を持っており、それがプロデューサーたちに影響して東宝映画から下品な要素や暴力的な傾向を排除する力になった。

宝塚歌劇出身の女優は各社に数多くいて、日本の女優の伝統のおしとやかすぎる傾向を打破し、背筋を伸ばしてハキハキ喋《しゃべ》る女性像を確立する大きな力になった。東宝には有馬稲子、越路吹雪、新珠三千代、八千草薫など、それがとくに多くて、東宝映画の近代性を支えていた。

育ちの良さとスマートさで高度成長期の日本の明るさを代表するようなスターになったのが加山雄三である。「若大将」シリーズなどは日本の繁栄をくったくなく讃《たた》えたものだった。

発足当時の幹部たちが主張した合理的経営のひとつに、監督の独走をプロデューサーが制御するプロデューサー中心主義があった。そしていま、映画会社がテレビ局その他の企業と一作ごとに製作委員会を組んで映画を作る時代になると、各社をまとめるプロデューサーの優位性は格段に増大した。この新しい時代に東宝は興行成績でひとり勝ちを続けている。合理的経営の勝利かもしれないが内容のある作品がもっとほしい。

撮影所 スター物語3

日活

日活は一九一二年（大正元年）の発足で、世界で最も古い歴史を持つ映画会社のひとつである。ただし戦争中に政府の企業統合政策で撮影所を失い、配給だけしていた時期があったので、一九五四年にいまの東京の調布の日活撮影所を建設して製作を再開したときには、人材は新たに既成の他社から集めなければならなかった。

既成の五社がこれを妨害したので、脇役の俳優は演劇界から集めたが、主演級のスターの乏しい撮影所として出発した。監督は大物がそろい、新劇の名優などで渋い味わいの佳作が続々と出来たのだが、スターなしではヒットせず、苦しい経営が続いた。

一九五六年に若い世代の奔放な生態を描いた石原慎太郎の小説『太陽の季節』が太陽族ブームと呼ばれる流行をまき起こす。これが日活で映画化されたとき、原作者の紹介で本物の太陽族として日活に俳優として迎えられたのが弟の石原裕次郎だった。

翌年、彼の主演の「嵐を呼ぶ男」が爆発的なヒットになる。タフで格闘に強く、同時にロマンチックなラブシーンも演じることのできるスターの誕生である。もともと日本の俳優は、立回りや格闘を恰好《かっこう》よくやれる豪放なタイプと、ラブシーン専門の二枚目と呼ばれる優男タイプとはほぼ分業になっていたのだが、石原裕次郎はアメリカ映画のスターたちがそうであるように同時に両方を兼ねることに成功したのである。

ただし、まじめな堂々とした男は恋愛は苦手であるはずだ、という日本社会の気風を変えることは難しい。だから日活は彼に、少々不良っぽい純情青年という役柄を与えつづけて、ほぼそれを繰り返してヒットを続けた。

それで彼がカリスマ的な存在になると、日活は彼が同じような役を演じる作品を人気の続く限り毎年七、八本も作る。さらにもっと地味な役どころで育成中だった若手の俳優の小林旭や宍戸錠を、裕次郎作品と調子の合いそうなアクションもののスターに仕立て直し、極力毎週、若者向きの元気のいい作品を揃《そろ》えることにした。女優では裕次郎の恋人役として北原三枝や浅丘ルリ子がスターになった。

そうなると、それまで渋い文芸映画などを作っていた巨匠クラスの監督たちは仕事がなくなって去り、代りに若い助監督たちがどんどん監督に昇進して競ってアクションものの派手な一定の調子をつくりあげた。なかには今村昌平や浦山桐郎のようにどうしてもこの路線になじもうとしない監督もいたが、彼らは滅多に仕事の機会は得られず、ときたま異色の名作を出すという役割になる。

一九六二年にこの今村昌平脚本、浦山桐郎監督による地道なリアリズム映画「キューポラのある街」から、吉永小百合というもうひとりのスーパースターが生まれると、日活は彼女を中心にして青春映画の路線をきため、アクション路線と並行させた。吉永小百合はつねに健気《けなげ》にがんばる生まじめな若い女性の役であり、明るい笑顔で明日への希望を語る。それに共感する若いファンたちはサユリストと呼ばれてはりきった。若者に夢と希望がある時代だった。

トップの人気を保ち続けた石原裕次郎は、しかし、いつもおきまりの役であることにあき足らず、一九六八年には自分の企画でダム建設のドラマ「黒部の太陽」を作るために日活を離れた。アクションものの流行があきられる時期でもあった。

一九六〇年から観客の急激な減少は進んでいて、一九六九年には日活と大映が経営危機におちいった。日活はいったん製作を止め、著名なスターや監督たちが去ったあと、一九七一年からロマンポルノと称する低予算のポルノ路線を一九八〇年代まで続けた。意外な力作が相次いだ。その間に他社の撮影所は貸スタジオ化し、自主的に企画を立て人材育成もする機能は捨ててしまったが、日活だけは一九八〇年代まで若い人材を育成しつづけた。

二〇〇九年モントリオール世界映画祭で監督賞を受賞した根岸吉太郎や、「リング2」をアメリカでリメークして日本流のホラー映画の作り方を外国に教えた中田秀夫などの監督たちは、この時期の日活撮影所で撮影所ならではの正統的映画作法を身につけた最後の世代である。

撮影所 スター物語4

大映京都と東映東京

一九六〇年代まで、日本では作られる映画の約半数が時代劇だった。そんな国は日本以外にない。われわれはそれほど、日本人らしい立居ふるまいや、人間関係のあり方、態度のあり方などで時代劇をお手本にしていたのだと思う。

その時代劇への俳優の供給源はまず歌舞伎だった。戦前は阪東妻三郎や長谷川一夫をはじめ、名門の出でないから舞台では出世できないと思う歌舞伎役者たちが続々と撮影所に入ってスターになった。戦後は映画の社会的地位が向上したので、萬屋錦之介や市川雷蔵など、凛として背筋の伸びた歌舞伎の名門の御曹司たちが撮影所に迎えられた。

その市川雷蔵と大映京都撮影所で人気を競った勝新太郎は長唄の家元の息子で、歌舞伎座の舞台の裾《すそ》で連日、六代目菊五郎の至芸にしびれるという少年時代を経験している。

立居ふるまいの折目正しさや口跡の美しさが絶品の雷蔵は、若侍や股旅のやくざでぐんぐん人気を高め、映画デビューの翌年の「新・平家物語」(一九五五年)では早くも平清盛という大役で威風あたりを払う風格を見せた。この風格こそが歌舞伎の修錬のたまものなのである。

この雷蔵の躍進に、一緒にデビューした勝新太郎は差をつけられていた。はじめはニヤケた色男の役ばかりで、どうにもサマにならなかったのである。しかしデビュー六年目で「不知火検校《けんぎょう》」という悪党もので不敵なワルを演じたのが自分の本領の自覚になった。そして以後「座頭市」シリーズが大当たりする。

黒澤明と三船敏郎の侍映画が先進諸国の高級な映画館で鑑賞されたのに対して、勝新太郎のやくざの市は、キューバからアフリカまで、貧しい国々の映画館で広くヒーローになった。弱者のはずの目の見えない男が侍にだって勝つのだから。

日本で「座頭市」の流行が終わった頃、選手交代してこの流れを受け継いだのがブルース・リーからジャッキー・チェンと続く香港のカンフー勢である。広く世界に受け容れられるアクションもののヒーローを作り出せるのはハリウッドだけという時代はこうして過去のものになったのである。

日本の外でも人気を得たアクションもののヒーローでは高倉健も重要である。文化大革命の終結後の中国が久しぶりに外国映画を公開したとき、まず上映されたのは日本映画祭出品作として入った高倉健主演の「君よ憤怒の河を渉《わた》れ」で、これが中国全土にまき起こしたブームはたいへんなものだった。無実の容疑で追われる男が逆に権力者たちの陰謀をあばくという内容も文化大革命の幕切れにふさわしいものだったのだが、中国人のおよそ八十パーセントが見て、繰り返し見るファンも多かったという。日本映画でこれ以上の観客を集めた作品は他にないのではないか。以来、中国の俳優たちがしきりと高倉健の恰好よさを真似しようとしたというから、中国人の対日感情を良くするという面でも相当な意義があったことは間違いない。

高倉健は東映東京撮影所で俳優になった。貿易業志望で明治大学商学部を出た一九五四年がたいへんな就職難で、恩師の紹介で芸能プロの就職試験を受けに東映本社を訪ねたら、そこにいた東映専務のマキノ光雄から俳優になるようにすすめられたのだった。

東映は時代劇スターを多くかかえていた京都撮影所が主力だった。現代劇専門の東京撮影所は、佐久間良子主演で東北の田舎の厳しい青春を描いた「故郷は緑なりき」とか、江原真二郎と中原ひとみで原爆放射能の悲劇を描いた「純愛物語」など、地味な秀作をこつこつ出してきたが、派手なヒットシリーズが容易に出ないのが悩みだった。

一九六五年から一九七二年まで合計十八本作られた「網走番外地」と「新網走番外地」はこの撮影所の待望のヒットシリーズだった。高倉健の囚人が、くったくなく行動して刑務所の無法をただしてゆく痛快なアクションものである。同時に主に京都で作られていた任侠もので主軸のスターになり、その流行が終わって東映作品を離れた。その後の「鉄道員《ぽっぽや》」は東映東京撮影所で昔の地味な秀作の流れを復活させたような、まじめな庶民感覚あふれる作品だった。撮影所の伝統というものは脈々とながれているのである。

「アキレスと亀」

北野武監督の映画である。北野作品はアイデアが勝負で、それが当ればアッと驚く傑作になり、マト外れだと唖然とするような凡作になってしまう。これはアッと驚く方の作品である。また北野作品で成功したものというと、暴力描写が過激だったりして広く一般観客におすすめすることはためらうこともあるのだが、こんどはその過激さがブラック・ユーモアに煮つめられていて、相当に笑える。コメディアンとして成熟しているのである。成熟なんて糞くらえとばかりに破壊的なことをやるのが北野武の流儀だったのだが、それでも長年やっていると心やさしい円熟の境地にさえも至るものなのだ。これは仕方がない。

これはひとりの無名の画家の物語である。伝記と言ってもいい。その名は真知寿（マチス）。その名前からして画家になることを運命づけられている男だ。父親は成金の実業家で、分りもしないのに美術品のコレクターになり、インチキな画商のいいカモになっている。この父が事業の失敗で破産して自殺すると、絵をかくことにしか興味のない変り者の子どもだった真知寿は叔父さんの家にあずけられて虐待され、成長しておとなしい新聞配達員になっても、配達の途中でいい景色があ

ると スケッチに夢中になるという調子で勤まらない。本格的に絵を学ぶため工場に勤めて絵の学校に通って画学生たちと新しい絵の実験に興じるが、ここらからこの映画は現代美術に対する痛烈な風刺になってゆく。絵筆でなく体を使って画布に絵具をぶっつけてゆく、いわゆるアクション・ペインティングを仲間と一緒にあれこれ試みるが、これがそれぞれギャグになっていて笑わせるのだ。

現代美術というのは本当に芸術なのか。たいていはただの悪ふざけみたいなものじゃないのか。という疑問は多くの人たちが抱いているものだが、素人が何を云うか、と言われたら反論するのもめんどうなのでたいていは黙っている。ところが北野武は怖いもの知らずで平気でそれを茶化してみせる。

しかし真知寿はプロにはなれないまま、ビートたけしの演じる中年になるが、相変らず絵は売れないまま。昔、父親にさんざんインチキな絵を売りつけて儲けていた男の息子がやはり画商になっているので買ってもらいに行くと、いま描いているような絵では古臭いからもっと新しい描きかたをしなければと、いろんなアイデアをくれる。それに従ってどんどん描き方を変えてゆくがみんなダメ。その画風が変るごとに、絵自体も、真知寿本人も、ますますクレイジーになってゆくことで笑わせる。

そんな彼を愛してくれる女性もいる。まだ若い頃にモデルになってくれたアルバイト先の工場の事務員で、これを若い頃は麻生久美子が演じ、のち真知寿がビートたけしになってからは樋口可南子になる。この妻が、夫の阿呆らしさに少々呆れながら、それでもまじめに温く、その阿呆らしさにとことんつきあってくれるということで、結末はもう、殆ど純愛物語である。この樋口可南子が素敵だ。

こうして、この映画には、主人公の真知寿が小学生だった頃に描いた児童画ふうのものからはじまって、やはり小学生の頃の、走ってくる電車の正面に立って電車が止ったところを描いた絵とか、叔父さんの家で叔父さんにひどいめにあいながら、それを面白がっているような目で描いた絵、などからはじまって、大人になったいま新手を模索しながら描いている絵まで、じつに多くの絵が出てくるのだが、これがぜんぶ、北野武の描いたものであるということは一驚に価する。

以前、評判になった「HANA‐BI」で、大杉漣の演じる元刑事が負傷で退職して余生を絵を画いて過している。その絵がじつに美しい装飾的な画風で、その細密な筆遣いと色彩の鮮かさに感心させられたものだった。あれがやはり北野武の描いたものだった。こんどは現代美術の前衛のさまざまな流派の模倣をこれでもかこれでもかと描き分けてみせる。プロになれない画家の下手な絵ということだから誰でも気楽に描けそうなものだが、ただ下手なだけでなく、ときにはひょっと、これ、なかなかいいんじゃない？　と思わせるところがないとプロの画壇に対する諷刺にはならない。ところがこれには、ちょいとプロはだしのところもあるから、毒のあるユーモアになり、諷刺になるのだ。

書評『菊次郎とさき』ビートたけし

さきごろ母親のさきさんが亡くなられたとき、ビートたけしは身も世もなく泣きじゃくる姿をテレビで見せた。近頃殆ど見ることがなくなった大人の男の大泣きで、しかもそれが「ババア、ババア」と年寄りへの不敵な悪たれのギャグで売ってきた芸人だっただけに、ああやっぱり、と安心したというべきか、なにか予想をはぐらかされたというべきか、ひときわ印象的な出来事であった。

この本はビートたけしが母さきさんとやはり亡くなった父菊次郎さんの思い出を書いた面白くて感動的な回想録に、さいごに「北野さきさん死去」と題する文章をそえたものである。そしてそこには案の定――。

「親の死に目だって芸にしてしまうところを見せたかったんだけど、全然ダメ」とか「情けないよ」とある。かくして一世を震撼《しんかん》させたあの悪たれ芸はじつはこの母への限りない甘えの産物であったことが明らかになって、私など、ほっと胸をなで下ろしたものであった。

「この物語はすべてフィクションであり、実在の人物には一切、関係ありません」などと、それ自体がギャグみたいな但し書きが添えられてあるので、小説として読むべきなのだろうが、とにかくここに描かれたご両親は、いまや滅多に見ることのできない落語の長屋物の登場人物の鑑である。ビートたけしの悪たれ芸というのも、じつは彼の創作というよりは、このご両親の日常の非凡な罵詈雑言を忠実に写したか、応用するかしたものだと納得してしまう。なるほど下町文化の伝統というものはこんなふうにして受け継がれ、息づいてゆくのか。

「……子供のときオフクロをへこましてやろうと思って、『母ちゃん、どうしてこんな年でおれを産んだんだ』って訊いた。すると、『おろす金がなかったんだよ』って、あっさりはねかえされた」

たけしのギャグより凄い。

この母親が落語の長屋のかあちゃんと決定的に違っていたのは彼女が徹底的な教育ママでもあったことだ。その鉄壁の教育管理からいかにして逃走するかということが、少年たけしの人生のテーマであり、明治大学工学部に進学しながら中途退学したことがこの母親に対する勝利として意識される。

「変な話だが、大学をやめることができた、ということが、自分の妙な自信になった。フランス座でいくら貧乏していても、俺は大学をやめることができたんだからって、全然こたえなかった」

――という。まるでギャグだ。

ただし、こういう反抗の物語のあと、結びはまた、母の愛にはかなわないという見事な人情噺にもなっていて、お葬式での涙を納得させてくれる。ビートたけしの笑いはハードボイルドのキートンに近いかと思っていたら、やっぱり愛と涙のチャップリンの世界だった。

「菊次郎の夏」という、それこそチャップリン的な映画の菊次郎という名前が、ビートたけしの亡き父親の名前からとられたものであったことはよく知られているが、この本では映画で彼が演じた人物以上に――良く言えば――天真らんまんなおやじさんである。家では乱暴さで恐れられ、小心さで軽んじられ、しかしペンキ屋としての本物の職人気質で若干は尊敬されてもいた、というふうに描かれている。この父親の言った言葉をビートたけしはそのまま漫才のネタにしたこともいくつかあるという。

この父親を語ったうえで、人間が大人になるということは、父親や母親を見て「可哀相だな」「大変だったんだろうな」と思えるようになることだ、と言っているのは至言である。なかなかそうはなれなかったガキのせつない心を謳いあげたのが彼の芸だったということか。だとすればその自覚に達した彼の芸風はこれからどうなるのだろうか。

北野武／ビートたけしの破壊的笑い

北野武ぐらい、これからどうするのか、ということが気になる映画作家も、ちょっといない。というのは、デビュー当時の彼があまりに無鉄砲で、将来のことなどどうでもいいのだと思っているみたいだったからである。まず毒舌の漫才で世に知られた。ついで徒党を組んだ暴力事件で驚かせた。俳優や映画監督として瞠目するような才能を見せるようになってからも、ひどい事故で驚かされた。

事故はわざとではないにしても、彼の言動には、なにかあえて危険に身をゆだねているかのように思えるものがしばしばあったからだ。それもスリルを面白がるというような甘いものではなくて、何か本物のニヒリズムがそこにはあるのではないかと思って、正直、怖かったのである。

たとえば「ソナチネ」（一九九三）の一場面。誰か気に入らない奴を、檻か何かに容れ、クレーンで吊して港の岸壁から海に下ろし、しばらくしてあげてみて、「なんだ、まだ死んでねーじゃねえか」と言ってまた水中におろす。それがギャグになっている。まあ笑いを通り越して肝をつぶしたものである。

こんなことをやって、一歩踏み外したらとんでもないことになるのではないか。そもそも芸人としての成功とか安定した立場とかさえもどうでもいいみたいだなと、そう思った。それも、大向こうの受けを狙ってやっているのではなくて、受けようが受けまいが、こうするのが本当だと思ったら絶対にそうする、という構えが感じられる。面白いからと言うより、自分に嘘をつかないために。自分の中の破壊衝動が気になり、それを追い詰められるところまで追い詰めなければ気が済まない。そういう気迫がそこにあった。

監督デビュー作の「その男、凶暴につき」(一九八九)で、ビートたけし扮する我妻刑事が悪党どもをとことん追う。しかしそれは正義のためでも職業のためでもなく、ただ凶暴でありたいためのようだ。自分の中で火がついている破壊衝動を直視しようということだったのであろう。

こうして北野武は、もともとこれを撮るはずだった深作欣二監督に劣らぬマニアックな暴力映画の作れる監督として注目された。しかし、つづけて彼が撮った作品は意外なものだった。「あの夏、いちばん静かな海。」(一九九一)である。そこでは、ただ若い男女の二人が海辺でじっと海を眺めている場面が延々とつづくばかりで何も事件は起こらない。

この実験的な作品の批評を求められた任侠映画の名脚本家・笠原和夫が、これが映画だというなら、自分たちが先輩たちから教わって苦労して築き上げてきたシナリオ作法はいったい何だったのだ、と憤慨して書いた『シナリオ骨法十箇条』は有名である。

たしか北野武は反論を書かなかったと思うが、これは書きようがなかったのであろう。彼は多分、ともすれば湧き起こる破壊的な衝動を抑えることで精一杯だったのだろう。そのために坐禅でも組む代わりに、このあくまでも静かな内省的な映画を作ってみたのではないだろうか。

この坐禅（?）の効用か、そのあとの「ソナチネ」では、友好関係にある組から抗争の収拾を頼まれ沖縄に来たビートたけしのやくざ村川が、退屈をもてあまして、美しい砂浜で、人間を人形に見立てた紙相撲やロシアン・ルーレットなど、無為な遊びにふける。こんな退屈さを退屈なままに画《えが》くなんて、「プロ」の映画人なら決してやらないことだろう。それをあえてやるのが、あの海辺の坐禅のような映画で北野武が発見したことではないだろうか。すなわち自分の内なるニヒリズムの直視である。そして断固それを超えることである。

これで北野武は確実に脱皮した。そのあとに来るのが「HANA‐BI」（一九九七）であり、そのすがすがしいまでの美しい世界である。この映画でビートたけし演じる西刑事は、ニヒリズムを超えて、自分が真面目にやらなければならない仕事として犯罪者たちと向かい合う。そして、ある事件で負傷し下半身不随になった大杉漣扮する同僚の堀部と、辛さと悲哀を分ちあう。その悲哀があってこそ、この作品は美しいのである。

しかしこうなるとまた難しいのだ。あの美しさは容易に得られるものではなく、再現できるものでもない。そこに戻ってくるにはまた、容易でない内的な葛藤をくぐりぬけてこなければならない。これはそういう特別なものである。私は、彼がきっとまたそこに戻って来ると思う。しかしそれまでの模索は大変だ。

とりあえずは、ではどうしたらいいかという迷いそのものをテーマにしたような実験映画的なものを作る。それで観客を面食らわせたりもするだろうし、アクション場面の盛大さと可笑しさで時間も稼ぐだろう。

新作の「龍三と七人の子分たち」は、格好良く死ねないまま老いて醜態をさらしている元やくざで鳴らした男たちの哀話である。おかしいという以上にただあわれである。早く、己の内面との熱い確執の世界に復帰して、それを遊びではなく超えてほしい。

第七章　世界は広い

モンゴル映画が面白い

モンゴル人が映画をはじめて見たのは一九一三年頃である。外国人の商人たちが持ち込んだものだった。一九二一年にモンゴルは中国から独立する。このときの独立戦争でソビエトの助けを借りたことから、以後長くモンゴルはソビエトの衛星国とされ、指導され、援助され、また搾取もされ、抵抗は容赦なく弾圧されて社会主義国としてやってきた。ソビエトの支配を脱したのは一九九〇年になってからである。

一九二〇年代から、イギリス、ドイツ、中国、ロシアなどの映画がモンゴルには入っていた。とくにロシア映画が重要だった。一九三五年には政府の決定でモンゴルにおける映画製作所の建設がはじまった。そしてロシア人たちがやってきてスタッフや俳優を指導した。一九三六年五月一日にはウランバートルでのメーデーの催しが撮影され、その日の夜には上映されて、これが最初のモンゴル映画となった。同年、ソビエトのレン・フィルムからI・トラウベルク監督以下のスタッフがやってきて、モンゴル人の俳優たちを使って「モンゴルの息子」という劇映画を作った。当時、国境を接する満州にいた日本軍とは険悪な状況にあり、この映画もこれに警告するプロパガンダ的な内容である。しかし喜劇的な冒険映画としてなかなかうまく出来ている。以来、モンゴル映画は、ソビエトから来た監督による社会主義宣伝調が主流になる。

たとえば一九四二年のI・ハエーフェッツとA・ザルヒの「スフバートル」。モンゴル革命の指導者の伝記映画である。

一九四五年、第二次大戦終結の年に作られた「ツォクト・タイジ（太子）」は当時としては空前の大作であり、また異色ある内容を持っていた。監督はやはりソビエトのユー・ターリチとM・ボルト。しかしシナリオをモンゴルの学者B・リンチンが書いていた。民族のアイデンティティを模索する物語だったからである。時は十七世紀。軍事的には清朝の侵入があり、思想的にはチベット仏教すなわちラマ教がモンゴルの指導者層を帰依させるようになっている。このとき、モンゴル民族の一方の指導者ツォクト・タイジは、民族の古来の信仰である自然崇拝を堅持し、チンギス・ハーン以来の民族統一を保とうとして勇戦奮闘するのである。この史劇がなぜ異色と考えられるかというと、ソビエト指導下の時代では、かつてロシアを残酷に支配したことのあるモンゴル帝国は野蛮な存在として語られるべきだとされており、誇り高き独立自尊の民族の歴史の回顧などはもっての外だったはずだからである。第二次大戦末期、ちょうどソビエト映画でも、モスクワから疎開してきたセルゲイ・M・エイゼンシュテインがモンゴルとは殆んど親戚のようなカザフで民族主義高揚の史劇「イワン雷帝」を作っていたので、それと同工異曲の作品と見なされたのかもしれない。

大戦後、一九五〇年代も半ばになると、ソビエトの主としてモスクワ映画大学に留学していたモンゴル人たちが続々と帰ってきて、自分たちで映画を作るようになる。一九五六年に「われわれの障害物は何だ」を作ったR・ドルジパラムは恐らくは最初の最も優秀なモンゴル人監督だった。この映画はモンゴル社会の否定面をユーモアでもって批判した喜劇である。彼がそのあとで作った「馬さえ持てば」も喜劇である。馬に乗ることが上手いという以外にあまり取り柄のない青年が、草原にオートバイや自動車の現れる時代になって役立たずと見なされるようになり、牧畜の共同農場でもだんだんつまらない仕事に追いやられ、それでも失敗を重ねていたのに、ある嵐の日、オートバイも自動車も役に立たなくなったのに、彼が馬を走らせて連絡に成功し、大いに面目をほどこすという話である。のんびりと気持よく面白く出来ており、モンゴル社会の後進性を上から見下して批判するというようなところはない。彼はそのごもこういう温い喜劇を作って一家をなした。

しかし、当時もっと高く評価されたのはもっと教条主義的な啓蒙映画だった。一九五七年のS・ゲンデンの「目覚め」はそういう傾向の典型的な例である。内容的に言うと、医術もまだラマ教の迷信の下にあった当時のモンゴル人民を、ソビエトからやってきた女医が献身的に啓蒙して近代西洋医学に目覚めさせるというもので、ソビエト礼賛が基調になっている。ここに鮮やかに認められるように、ラマ教はモンゴル映画では迷信の塊りであり人民を無知蒙昧にとどめておくものであるとして否定的に描かれるのが常だった。しかし現実には多くの寺院が破壊され、僧たちが虐殺されていたのである。モンゴルがソビエトの指導の下で近代化をはじめたことは事実であるが、それにはこうした宗教などの民族的伝統の圧殺がともない、映画もいわばソビエトの側に立って伝統圧殺を合理化する宣伝機関になっている。

この映画でカメラマンだったD・ジグジドが一九五九年に「人民の使者」を監督するが、この作品もソビエト礼賛のひとつの典型的なパターンを示したものと言っていいであろう。一九二〇年代の清朝からの独立戦争のとき、志士のひとりが助けを求めるために遠くにいる指導者に手紙をとどけようとするが敵の中国人に殺され、代ってその妻が子どもを連れて敵に追われながら苦難の旅をする。遠くにいる指導者とはソビエトの支援を受けている者に他ならない。この映画は同年のモスクワ映画祭に出品され、優秀女優賞を受けた。

一九六一年、ウランバートルのモンゴルキノ製作所に新しいスタジオが完成し、それまで年間劇映画二本とドキュメンタリー二十本だったのが、劇映画四本にドキュメンタリー四十本になった。さらに一九七〇年代になるとモンゴルキノは二回目の拡張を行い、劇映画六乃至八本にドキュメンタリー八十本が年間に可能になる。

一九六〇年代の作家と作品では、D・ジグジドの「大衆の一人」「人生の跡」「洪水」「朝」、R・ドルジパラムの「この娘たちときたら」「心の呼びかけ」「ウンドゥル・エージ」、B・ジャムランの「フフの結婚もうじき」「みやこ息子」、D・チミッドオルソレの「悪と善」、D・ヘミグトの「世話じゃなく迷惑」、G・ジグジドスレンの「はじめの一歩」などがある。私はこのうち「この娘たちときたら」を見ているが、これは頭の古い女性蔑視のおやじさんが議長をしている集団農場に若い女性が男装して就職して業績をあげ、偏見をただすという啓蒙的な主題による軽い楽しい喜劇である。ドルジパラムはつねにやさしい眼差しで登場人物たちを見ている。

一九七〇年代の作家と作品では、H・ダムディンの「紅い小旗」「忘れ得ぬ秋」「思い出」、R・ドルジパラムの「清きタミール河」、B・ソムフーの「冬眠の時期に」「モーターの音」、J・ボンタルの「日食の年」、D・ジグジドの「娘婿」、G・ジグジドスレンの「人間の命」、G・ジグジドスレンとJ・ボンタルの「エヘ・ブルドの伝説」、そしてN・ニャムダワーの「出会い」「幼年時代」などがある。私が見ている作品はこのうち「紅い小旗」と「娘婿」である。前者は独立戦争の頃にある町の少年たちが独立派の兵士を助けて大活躍するというアクションものである。後者はちょっとした問題作だと思う。ひとりの遊牧民の男が集団農場に新しい人生を見出そうとするが、古い遊牧生活に固執する老人たちとうまくゆかなくて悩むという物語である。両者の間にあって男の妻がオロオロする。モンゴルにとっては遊牧から農業や工業への産業の転換は深刻で大きな問題である。この国の広大な草原は、じつは表土がひどく薄く、鍬を入れるとたちまち表土が破壊されて砂漠化する。げんに中国領の内モンゴルでは漢民族の農民が大量に入植して農業をはじめた結果、草原の大規模な砂漠化が進んでいる。「娘婿」はおそらくは農業化促進のプロパガンダの目的をもって作られた作品だから、そうした問題にまでは触れていないが、この国の四季の風物を映画詩的に淡々と綴りながら、遊牧から農業への転換にどうも納得できないという風情の老夫婦の沈黙の姿を見せ、同じように黙々と農業に希望を託する主人公の〈娘婿〉の様子も見せる。両者は対立しているのだろうか。どうもそうではないらしい。ともにただ、他に選択の余地のないまま、与えられた時代というものを黙って受け容れているというふうに見える。古きを叩き、双手をあげて進歩を歓迎するというのがプロパガンダ映画の常套だとすれば、これはあまりそうでもない。むしろ進歩を疑わしげに見守っている老人たちに感情移入することもできる。その沈痛さがこの映画の独特の魅力になっている。じつは私はこの映画を、製作当時にモスクワ映画祭で見ており、それが私の見た最初のモンゴル映画でもあったわけだが、なにしろ二十年も前に言葉も分らないままいちど見たきりなので、以上のような理解が正確かどうか、正直言うと頼りない。しかしその映像はかなり鮮明に記憶している。印象的な作品だったのだと思う。そして今にして思えば、「人民の使者」のような典型的プロパガンダ映画の監督が、こういう、やはりプロパガンダであっても一種の迷いを感じさせる作品に変ってきたというところに、モンゴル映画がソビエト映画界の指導下に出発しながら民族性やリアリズムに目覚めてきた過程が見てとれるのではないだろうか。

教条からの脱却は、一九八〇年のR・ドルジパラムの「ゴビの蜃気楼」にさんぜんたる輝きをもたらしている。これはウランバートルの大学を卒業した青年が僻地の教師を志してゴビ砂漠の田舎の学校に赴任してゆくというところからはじまる一種の青春映画である。社会主義的プロパガンダの常識に従えば、これから先、この青年が僻地の厳しい条件と格闘しながら子どもたちに理想主義的な教育を与えてゆくという物語が予想されるところだが、ドルジパラムはそんな当り前のことはしない。なんと、まだ夏休みで学校に子どもたちはおらず、彼はもっぱら、隣の郵便局みたいなところに勤めている若い女性に夢中になるのである。彼が図に乗って彼女に迫ると彼女はヒジ鉄をくらわせるが、だんだん親密になってゆく。その過程が田舎ののんびりした風俗のなかで詩情とユーモアをたたえてやさしく描き出される。おかげで、彼女とは幼なじみだった土地っ子の、少しデブで野暮ったいが善良なトラクター運転手の青年が失恋してしまう。当然結ばれる気でいた彼女を横取りされてしまったのだ。しかし彼は少々錯乱しながら耐える。前半が教師として赴任してきた都会青年の明朗青春篇なら、後半はそのために失恋して、もうこの田舎を離れようかとまで悩みながら、これまでいちども離れたことのないふるさとはやっぱり離れられるものではないということになる田舎の若者の哀愁篇である。都会の知識青年の自発的下放に感心させる教訓的な話かと思っていると、むしろそれの有難迷惑さに苦笑させるような内容であり、いや、それ以上に、都市と田舎の本質的な対立点を語っている。ああ、田舎者であるということはいかに辛いことであるか。しかし俺はこの田舎をどうしようもなく愛している。とはいえいまの俺の頼りなさときたら……。深読みを許してもらうならば、この田舎者の敗北感と郷土愛の深さはあるいはそのまま、世界の田舎者としてのモンゴル人の自己省察を表わしているものかもしれない。そこには、教育による進歩の物語などわざと排除するかのようにして、僻地の〝無垢〟さの揺れ動き具合の真情あふるる観察がある。都会からの、上からの、はたまたソビエト流啓蒙からの圧力から軽やかに身をかわして、田舎者であることの善さを擁護するドルジパラムの温い眼差しがある。

一九八〇年代はしかし、モンゴル映画にとっては厳しい時代だった。政権の座にあったモンゴル人民革命党の映画に対するイデオロギー的しめつけは徹底していて、ストーリーの段階から検閲が行なわれ、脚本は何度も書き直しを要求された。それでもこの時代にはつぎのような作品がよい作品とされている。D・ジグジドの「享楽できぬ苦」「大家族」、J・スレンゲスレンの「思い続けてくれ」「忘れられた物語」、H・ダムディンの「生活の芽」「夜明け前」、G・ジグジドスレンの「不屈の英雄」、N・ニャムダワーとB・バルジンニャムの「手の五本指」、B・バルジンニャムの「あなたのところへ引っ越してゆく」「変な人」「マンドハイ」などである。

このうち「生活の芽」は一九八八年の作品で、ひとりの党員であり公務員である男が酒で身を誤って身を滅ぼしてゆく物語である。あるいはこれはソビエトでゴルバチョフが改革の手はじめにアルコール追放政策をやったのに呼応する作品だったかもしれない。この種の映画は最後には中毒者が立直るのが常識だが、この作品では破局に至るまで主人公はとめどもなく転落するばかりで救いはひとつもない。それだけプロパガンダとしては徹底していると言えよう。モスクワに発したキャンペーンは遥かウランバートルに達した時に最も過激な表現となったと言うべきか。中央集権的強権体制にはしばしばこういう現象も生じるようである。

ソビエトでのゴルバチョフのペレストロイカと称する改革政策が進むと、衛星諸国に対する思想的しめつけも否定される。そこで、それまで民族主義的な傾向を厳しく抑圧されていた周辺の旧衛星諸国に激しく民族的なプライドの回復運動が起る。とくにモンゴルのばあいは、かつてモンゴル帝国がロシアを長期にわたって〝タタールのくびき〟と呼ばれるほど残酷に支配したという歴史があるため、指導者であり事実上の支配者であったソビエトによってモンゴル人はチンギス・ハーンなど昔のモンゴル民族の英雄を、決して尊敬しないように強く仕向けられてきていた。むしろ野蛮で残忍な先祖として恥じるよう、思い出すことも困難なタブーにされてきたのである。しかしいまやソビエトに遠慮はいらないということになったとき、大きくわき起ったのは英雄追慕である。こうした気運の中で現れたのが、中世のモンゴル帝国中興の祖とも言うべき女傑の一代記で壮大な合戦絵巻である「マンドハイ」である。あるいはこれは「ツォクト・タイジ」以来の歴史劇の大作なのであろうが、わずか人口二百万の小国で、よくもまあこれだけ大量の馬とエキストラを動員できたものだと驚くほど、人馬が画面をおおいつくす映画である。

一九九〇年、ついに民主化運動によってモンゴルはソビエト圏から離脱する。体制は変り、自由化の模索がはじまり、映画界唯一の国営企業としてのモンゴルキノからも映画人の離脱が相次いで、さまざまなプロダクション活動がはじまる。劇映画の製作本数はそれまでの年間七本程度から、三十本、四十本と飛躍的にふえる。それまで体制によって抑えられていた創造欲、表現欲の爆発であるかもしれないが、人口からいっても、まだまだ遊牧民が人口の半分を占めていて映画の上映が草原では困難である点からしても、この本数はいささか異常である。これは経済自由化にともなう混乱と相まって新たな困難を招くものとなっており、早晩淘汰をまぬがれないと見られる。

しかしこの爆発的な量産の中で、従来抑えられていた新人のいっせい進出も可能となり、かつては否定されていた信仰や、社会の否定面へのリアリズムによるアプローチも可能になる。こうしてモンゴル映画の新時代となる。

たとえば、あまり上出来の作品とは言えないが、「あなたたちもそのひとり」という一九九二年の作品では、民謡歌手だった男が、レーニン礼賛の歌を歌うように強要されたことから歌手としてもダメになり、ついには人知れず野垂れ死にしてしまうというストーリーが展開されていた。社会主義時代を恨みをこめてふり返るという映画が作られるようになったわけである。宗教が復活するとともに根強い迷信も息をふき返し、迷信にもとづくミステリーなども現れる。性的な表現も大きく進展して、ヘアなども堂々と正面から撮られた作品も現れる。全体的に言えば技術的に素人っぽい作品や低俗な作品がふえたと心ある人々を嘆かせている。社会主義時代には利益を度外視して遊牧民のための巡回上映が行なわれていたが、商業主義原理ではそれは困難なことになる。しかし同時にかつてなく野心的で誠実な作品もまた現れるようになるのである。とくに、社会主義放棄以後の社会的混乱を直視しようとする作品、民族のアイデンティティを考え直そうとする作品、敬虔な宗教的情操を率直に表出した作品、などにういういしい力作が多い。CH・ジョムダーンの「天国の約束」、J・ビンデルの「へそのつながり」などの評判作が現れる。

果然、モンゴル映画に新しい波がわき起る。それを発見し、評価し、世界に広く紹介したのは一九九三年の日本のアジアフォーカス・福岡国際映画祭である。それまでモスクワ映画祭をはじめとして社会主義圏内の映画祭にはモンゴル映画も細々と出品され、ときには総花的な賞のいくつかを得たこともあるが、まずモンゴル映画が国際的な評判になったことは殆んどなかったのである。一九八〇年のR・パラムドルジの傑作「ゴビの蜃気楼」などは、その時点でしかるべき国際映画祭に出品されていれば相当の評価を得たはずだと思われるが、これはそういう機会を与えられていない。おそらく社会主義イデオロギーなんて知らないよ、みたいなストーリー展開のためにそうはゆかなかったのであろう。社会主義時代には映画の評価は党官僚が認めてくれるかどうかが殆んど全てだったのである。

一九九三年のアジアフォーカス・福岡国際映画祭は、この「ゴビの蜃気楼」の他、一九九〇年になってからの国際的にはまだ全く誰も知らない五本の新しい作品を上映した。N・ニャムダワーの「至福の禍」、N・オランチメグの「枷」、B・バートルの「牙」、TS・シェレンドルジとL・シャラブドルジの「風雲の聖者」がそれである。これらはモンゴル映画が新しい段階に入ったことを示していた。

「至福の禍」は民話ふうの単純で残酷なストーリーを深い宗教的情操をこめて描いた傑作であり、その悲痛な情感の純粋さは比類がない。「枷」は社会主義崩壊後のこの国の経済的社会的混乱にほとばしるような人間的感情をこめて肉迫した作品であり、言うなればこの国にはじめて出現したネオ・リアリズム作品である。「牙」は狼にまつわる迷信を主題としてモンゴル民族の深層心理を掘り下げようと試みた野心的な作品である。「風雲の聖者」はそれまでにもあった「チンギス・ハーン」式の歴史劇の大作の型どおりの民族主義を超えて、亡国の悲哀を真情こめて語った傑作であり、歴史劇とはかくあるべきものと言いたい強い思いと史観がこもっている。

翌年にはそのままベルリン映画祭に招待されて上映された。

昭和の懐かしい映画

銀幕を語る男――『毒蝮三太夫』が選ぶ発掘！――蘇る昭和の大スター映画！

昭和初期スクリーンを通して人々を勇気づけてくれた大スターが次々とデビューしました

初DVD化 第1弾 【大女優編《全3巻》】原節子・高峰秀子・森光子

15歳、デビュー間もない原節子が出演！『生命の冠』

原節子 出演

高峰秀子、4歳のデビュー作！『母』

高峰秀子 出演

10代の森光子が、準主演で好演！『怪猫　謎の三味線』

森光子 出演

初DVD化 第2弾

戦後スクリーンを通して、国民を勇気づけ楽しませてくれた大スター「大河内傳次郎」「片岡千恵蔵」「長谷川一夫」が演じる"義理と人情"の世界。"股旅物"というジャンルを確立した小説家「長谷川伸」原作をDVD化。チャンバラ映画をお楽しみ下さい。

長谷川一夫が二役"遠山の金さん"

◆昭和8年松竹キネマ京都作品

『刺青判官《ほりものはんがん》』総集編

長谷川一夫 主演

同名戯曲初の映画化

◆昭和6年千恵蔵プロダクション作品

『番場の忠太郎 瞼の母《まぶたのはは》』

片岡千恵蔵 主演

股旅道中時代劇の定番

◆昭和4年日活京都太秦作品

『沓掛時次郎《くつかけときじろう》』

大河内傳次郎 主演

販売価格				
1本	3,218円	・送料（全国一律）600円	合計 4,142円（税込）
3（各シリーズ）本セット	7,538円	・代引手数料 324円	合計 8,462円（税込）

●ご注文お問い合わせは…

0120-700-797 受付時間 9:00～21:00

FAX 03-6459-0953【24時間受付】

発売・販売元

株式会社 中日映画社

〒105-0004

東京都港区新橋 6-11-8 福森ビル 3F

ポルトガル映画の驚き

1

　ポルトガル映画にはびっくりさせられることが多い。いったいどこからこんな不思議な発想が生まれるのだろうかと、ほとほと感じ入る作品が少なくないのである。

　もっとも、私が見た最初の二本のポルトガル映画は、ちっとも変わったところのない普通の作品だった。つまり生まじめなリアリズムで社会の下層の人々の労働と日々の暮らしを描いたものである。いずれもパウロ・ローシャ監督による一九六三年の「青い年」と一九六六年の「新しい人生」がそれである。ローシャ監督はフランスのＩＤＨＥＣ（高等映画学院）で高野悦子さんと一緒に学んでいて、高野さんが計画していたポルトガル船による日本への鉄砲の伝来という歴史的事実の映画化のプランにもかかわっていたらしい。高野さんが監督するはずだったらしいこの企画は本来の形では実現せず、高野さんは岩波ホールの支配人になって映画を作る側から上映する側に転じたのであるが、その岩波ホールで上映した初期の作品のなかにパウロ・ローシャの二本の作品もあったのである。

私はいま、この二本の作品を普通のリアリズム作品と書いたが、じつはポルトガルは第二次大戦後も長くアフリカで植民地アンゴラを支配していて、一九六〇年代の当時もまだ世界で最後の植民地独立戦争と呼ばれたアンゴラ戦争を宗主国として戦っていたのである。植民地を手離そうとはしない国として政府は軍事独裁的であって、そうした状況下では貧しい下層階級の現実をリアリズムで正確に掘り下げるということ自体が反体制的であるとして睨まれることであったようである。それだけにその反動的な政権が倒れて民主的な政府となり、戦争も終わったあと、パウロ・ローシャは映画作家としてそれまでより有利な立場を得たようなのであるが、それで彼はどうしたかというと、志望して東京のポルトガル大使館の文化担当官になったのである。そして外交官としての勤務のかたわら、十四年の歳月をかけて大作「恋の浮島」(一九八二)を作ったのだった。

「恋の浮島」は四国の徳島に十七年暮らして日本のことを書きつづけ、日本の女に手玉にとられながら一九二九年に死んだポルトガルの文人、ヴェンセスラウ・デ・モラエスを主人公とする劇映画である。ただし、主人公と言っても普通の意味の主人公ではない。主人公がいるとしたら、それはむしろ十六世紀のいわゆる大航海時代以来、東洋へ東洋へと何かを求めて情熱を燃やしつづけてきたポルトガル人の総体的な意志というものではないだろうか。そのポルトガル人の民族的熱意の歴史とでも言うべきものが、十五世紀にヨーロッパからインドへの航路を開いて大航海時代の幕を開いたポルトガルの英雄ヴァスコ・ダ・ガマの事蹟を讃えた英雄叙事詩的な表現で描かれる。われわれ日本人にとっては、この大航海時代にはじまるヨーロッパ列強のアジアへの進出はそのまま西洋による東洋の侵略のはじまりであり、アジアの多くの地域の植民地化への道を開いた動きとして、まことにいまいましく感じとらないわけにはいかないのだが、この作品にはそういう反省みたいなものは含まれていない。ではアジア人として見ていて不愉快かというと、そうでもない。というのは、この映画はヴァスコ・ダ・ガマを英雄として讃えるところからはじまりながら、ついには、一九一〇年代、二〇年代を日本で過して、土着の神道を礼讃する立場から日本文化を肯定するエッセイを書きつづけたポルトガルの文人モラエスの生涯を見守るという結末になるからである。つまりこれは、ヨーロッパによるアジア征服の物語ではなくて、あるいはそこは省略して、東へ東へというひたぶるな情熱が、ついには異文化への没入に終わるという物語なのである。その憧れ、その情熱、あるいはその異境に至福を求めて止まない不思議な精神の探求であり、その美化なのである。

2

この作品はポルトガルと日本の合作として作られ、プロデューサーは高野悦子であり、岩波ホールで公開された。当時私はこの作品に大感激して四百字原稿用紙で二十枚に及ぶ絶讃の批評を書いたものだったが、多くの観客にとってはやたらペダンチックで難解で気取った大力作でしかなかったようである。カンヌ映画祭でも上映されたが、反響は似たようなもので、上映がはじまって間もなく観客の多くが会場から出てしまって、最後まで残った少数の批評家が賞讃したという。なかでジャン＝リュック・ゴダールが、「これは二十キロ歩いても見る価値のある映画だ」と言ったとかいう噂が伝えられ、これが殆んど唯一の救いという感じだったが、以来、寡聞にして誰かがこの作品の名誉回復を試みたということを私は知らない。

ただ、当時はポルトガル映画と言っても私などパウロ・ローシャしか知らなかったのだが、あれから三十年たった今、ポルトガル映画の存在は映画好きならかなり知られるようになっている。それは主として、マノエル・ド・オリヴェイラ監督の世界的な名声によるものである。オリヴェイラのことは、じつはパウロ・ローシャが東京のポルトガル大使館に勤めていた頃にも彼から聞いていた。ローシャはよくフィルムセンターで日本映画の古典を見ており、いつか木村荘十二監督版の「兄いもうと」（一九三六）を見たときも一緒で、彼がこの作品の労働者たちの描き方のリアリズムに感心していたことなどが印象に残っていた。私はそれを、彼の「新しい人生」における漁師たちの労働の描き方に通じるものとし、単純にリアリズム作家として了解したつもりでいたので、「恋の浮島」が出来たとき、それがそれまで私が見たこともないほど高度に様式化され、ソフィスティケイトされた作品だったことに仰天したのである。そしてその後、一九九〇年のマノエル・ド・オリヴェイラの作品「ノン、あるいは支配の空しい栄光」を外国の映画祭で見て、これが「恋の浮島」に通じる華麗な様式を持つ作品だったことを知って、なにか納得するところがあり、がぜん、ポルトガル映画に関心を持つようになったのである。

「恋の浮島」の様式性とはどんなものだったのか。かつて私が書いた長い批評のいくつかの部分を抜きとって説明してみよう。

この映画に否定的な態度をとる人が少なくないのは理由のないことではない。なによりもまずこの作品は、ふつうの人の知らない多くの予備知識を観客に要求する映画である。「恋の浮島」という象徴的な題も、女神が登場して詩的な言葉を述べ、主人公のモラエスの行く先々に現れるという構想も、ポルトガルで詩聖とされているルイス・カモンイスの十六世紀の長編叙事詩『ウス・ルジアダス』を下敷きにしている。この叙事詩の内容は、十五世紀にインドへの航路を開いてこの国の大航海時代を代表する英雄となったヴァスコ・ダ・ガマのインドへの冒険的な航海を讃えたものである。

ということは、この映画が十九世紀末に日本にやってきたポルトガルの海軍将校であり外交官であり文人であったモラエスの生涯を、ヴァスコ・ダ・ガマの英雄的な旅になぞらえているということであり、そこに皮肉な対比が内包されているということになる。なぜなら、ガマはポルトガル人の愛国心をふるいたたせてやまない国民的な英雄であるのに、モラエスは草深い日本の地方都市で誰にも看取られずに死んでいった、うらぶれた隠遁者だからである。

他方、この作品はまた、紀元前三百年頃の古代中国の詩人屈原の『九歌』にのっとって全体を九つの章に分け、それぞれの章の冒頭に、各々の歌の題名を付し、またその一部を西洋の衣裳をまとった女神と男神に朗誦させている。『九歌』は愛の讃歌であり、これは直接的に、人によっては人生の落伍者と見るかもしれないモラエスの晩年を、作者が愛の勝利者と称えている立場を示している。

さらにこの作品には、平敦盛の故事や、盆踊りや、墓洗いなどをつうじて日本人の霊魂観にわけ入っていくモラエスの姿が描かれる。

以上のように、この作品には、ポルトガルと中国と日本の古典や、民俗や信仰が、映画全体の意味とぬきさしならぬかかわりを持って豊富に引用されているのだが、その元の作品や民俗にどういう意味があるのかはほとんど説明されていない。おそらく「恋の浮島」という題が『ウス・ルジアダス』に由来し、それがポルトガルの民族的な黄金時代へのノスタルジアをかきたてるものであることがピンとくるのはポルトガル人だけであろうし、『九歌』の意味はよほど中国古典への造詣が深くなければ誰にも分からないのではないか。

日本人で年配の人なら敦盛の故事は分かるにしても、盆踊りにモラエスが日本人の祖霊崇拝の観念を見てそれに打ち込んでいるというところまで、誰もが素直に理解し共感するとはかぎらない。こうして解説めいたことを書いている私にしたところで、以上のような理解は、この映画を見たあとで一夜漬けでカモンイスや屈原やモラエス自身の著作やらを読んで得たものでしかない。パウロ・ローシャがこの映画の企画をたててから完成までに十四年かかったのは、お定まりの資金集めの時間などもあったのかもしれないが、じつは大使館の勤務のかたわら以上のようなことの調査研究に打ち込んでいたのだろう。

だとすると、この映画を分からないという人々が正直なのであって、感動したなどと言うのは知ったかぶりのスノッブにすぎないということになるのかもしれない。しかし私は確かにこの映画に感動したのであり、しかも、まだ日本語字幕の入っていないオリジナル版で、それらの意味も分からないで見たときに早くもその映像のただならぬ豊かさに心を打たれていたのである。これはなによりもこの映画の表現の充実によるものである。

この映画の映像表現にはいくつかのきわだった特色がある。そのひとつは長回しであり、もうひとつは異質なものの対比である。ローシャはかねがね溝口健二の長回しの讃美者であることを表明しているのでその影響と考えていい。壮重かつ耽美的なところなど、たしかにそうである。しかし溝口のばあい、長回しと言ってもカメラはじつに流麗に動いて絶えず構図が変化していくのに、ローシャのこの作品では五分でも八分でも原則としてカメラは動かない。溝口のようにカメラが動くと、その動きで見る者の感情にうねりや抑揚が生じ、その場面を誰を中心にどんな気分で見たらいいか誘導されるのだが、こうカメラが動かないと、見る者は画面の中で拮抗している複数の人物を、どの人物に感情移入することもなくまじまじと見つめつづけることになる。そして、それらの人物の取り合わせの異様さに関心を持ちはじめるとこの作品は興趣のつきないものになってくるのである。

大摑みに言えば対比されているのは西洋とアジアであるが、それだけではなく、ポルトガル自体でも、ガマやカモンイスの時代と、モラエスの時代が対比されている。また日本でも、主として描かれるのは二十世紀はじめの芸者のおヨネとの結婚生活から昭和のはじめにモラエスが亡くなるまでのいわば良き古き情緒ゆたかな日々の風俗であるが、それが出てくる前になぜか、現代の東京の夜の繁華街の俗悪な情景が出てくる。この二つの時代の取り合わせの飛躍によって、事物の表面がいかに移ろいやすいかが暗示される。その移ろいやすい表層の彼方に思い浮べられるのは愛の不変という観念であろう。三田佳子の演じるおヨネがあくまで楚々たる佳人であるのと対比的に、その姪のコハルはちょっとした不良である。この全くタイプの違う二人の女をモラエスが同じように心をこめて愛することで、モラエスの愛が特定の個人に対する愛という以上に、なにか、おヨネとコハルが共に代表しているある観念に対する熱い執着であるようにも思えてくる。そして私など、それはいったいなんだろう、と考え込んでしまう。

つまりこの映画は、きわめて異質なものの取り合わせに徹しているのであって、究極的には西洋とアジア、その両者の神や霊魂観を、対比するというよりもむしろ、いかにしたら融合し得るかという祈りをこめて描いているように思われる。

例えば、リスボンの軍事博物館の内部で演じられる徳島の町での出来事がある。第一次大戦中、モラエスがただ外国人であるという理由だけで徳島の人々から石を投げられたりしてひどい目にあったこと、またコハルがモラエスに対して不実であったこと、などは、リスボンの軍事博物館の内部の階段のところで寸劇ふうに演じられる。その後、コハルがモラエスに看取られながら死ぬ病院の場面も、じつは場所は同じリスボンの軍事博物館の壁をカーテンで半ば以上隠しただけで、その前を病院に見立てている。モラエスの生涯に関心を持つ者は、誰もが、なぜ彼は徳島などで孤独なうらぶれた生活を続けてポルトガルに帰らなかったのかと不思議に思うが、この映画は、こういう演出によって、モラエスにとっては徳島にいてもリスボンにいるのと同じことだったのだという答を提出しているかのようである。リスボンと徳島、ポルトガルと日本、異質なはずの二つの場所が、異質なままこの画面の中では融和しているのである。

この映画では、ヨーロッパのオペラの唱法で古代中国の詩が語られ、その語りに導かれて日本の浮世絵の美学にもとづくような情景と情緒が描かれる。そして西欧的・騎士道的な貴婦人崇拝のドラマが、その貴婦人を日本の下層社会の女たちに置き換えて展開される。そして最後にその西欧的騎士の末裔は日本の霊魂崇拝の信仰に帰依するに至る。この取り合わせの興趣は絶妙であり、このようにして取り合わされることを待っている精神文化が世界には満ち満ちていることを感じるのである。他者の心情に入り込むというこの精神的欲求、それはいま、世界にとって必要な心構えであり、それをやるのにもっともふさわしいのが映画だと、この映画を見て思う。

3

以上のような論旨の大論文を私は当時熱狂的な気分で書いたのだが、その後、外国の映画祭でマノエル・ド・オリヴェイラ監督の「ノン、あるいは支配の空しい栄光」を見た。そしてそこで正に騎士道華やかなりし頃のポルトガル軍の威風堂々たる勇姿と、アンゴラ戦争の前線で独立を求めるアンゴラの民衆の弾圧に当たっている現代のポルトガル軍のリアルな姿とも取り合わせて見せるユニークな映画作法に驚き、あらためて「恋の浮島」を思ったのである。昔の騎士たちの輝くばかりに美しい武者ぶりと、現在の植民地戦争軍の、外見上の甚だしい違いと、空しい名誉という実態とを交互に見せながら、見る者を何か遠い遠いところから自己批判させるような瞑想的な気分に誘い込む。そこが「恋の浮島」との共通点であるように思う。なによりも強く印象に残るのは、かつての騎士たちの軍団の優雅さであるが、この雅びには「恋の浮島」が古代中国の詩歌を使っているのに通じる品の良さと華やかさがあるのだ。そこでは自国の歴史に対する誇りと自己批判が見事な調和を保っており、知的な遊びの域に達している。

ポルトガルは小国であり、どちらかといえば貧しい国である。しかし、かつては隣国のスペインと競って大航海時代をリードし、世界の指導的な地位にあった。その誇りと文化の洗練が現代のポルトガル映画を特徴づける要素になっている。二〇一〇年、ポルトガル大使館と日本のフィルムセンターの主催によって行われた「ポルトガル映画祭2010」では、さらに何人もの傑出した監督たちの作品が紹介されたが、そこには文化の洗練がついにはまことに優雅なデカダンスに達しているものもあった。その最たるものはジョアン・セーザル・モンテイロ監督主演の「神の結婚」（一九九九）である。

監督が自ら演じる主人公はデウスという名の中年男である。やせてやや貧相で、しかし大学教授ふうにも見える風格のある人物である。悠々とふるまっているが何をしているのか分からない。貧乏だが他人のモノは自分のモノとばかり、金は平気でごまかして、上流社会の人々とも全く平気でつきあうし、いつも身辺には優雅で官能的な女たちが出没する。そういう女たちのひとりとの互いに全裸でからみあうベッドシーンがあるが、猥雑感がないだけでなくユーモラスで美しく、ときに優雅にさえ感じられるという点ではなはだユニークであり、こんなベッドシーンは見たことがない。確かに強い欲望が演じられているのだが、そこにはさもしさもなく過剰なエネルギーもなく、むしろセックスとはいったいなんだろう？　とでも言いたげな知的な問いかけさえ感じられるのである。知的な、あるいは哲学的なと言ってもいいその問いの象徴のように、このデウスを主人公にした一連のシリーズ作品のなかには、彼が女の陰毛を一本指でつまんで目の前にかかげて大真面目な態度で、じっと見つめるという不思議な場面さえもある。不思議というのは、そこでデウスはニコリともせず、むしろ哲学的な思索にのめり込んでいるかのようだからである。

彼の名はデウス。すなわち神であるが、キリスト教やイスラム教の崇高至高な宇宙の創造者としてのゴッドではなく、ギリシャ神話の神々のなかの神、最高の神ではあるが裸の女を見ては我を失うことだってある、まことに人間くさい神のデウスである。神だから何をやっても罪にはならない。自分がもし、そんな存在であって、何をやっても罪を持たないですむとしたら、自分は何をやるだろうか。そういう、冗談ではあるが哲学的とも言える問いを発してくりひろげたのがモンテイロのこのデウス・シリーズなのかもしれない。

汗水流してお金を稼ぐことはしない。お金は有るところにはあるのだから、ちょいと回してもらえばいい。そこで盗んだだの殺しただのという修羅場を妄想するまでもない。でもそれで逮捕されたり裁判を受けたりもするが、この世は全て神の遊びだと悠々と構えていれば、その高尚な雰囲気に包み込まれた高級なレディとの情事だって夢ではない。しかし、ほんとにそれでいいのかと、じっと恥毛を見る。

まあ冗談にしてもこの映画は相当に格が高い。パウロ・ローシャのあの生真面目な歴史ファンタジーの「恋の浮島」とは勿論ずいぶん違う作品であるが、ファンタジーとしての性格は相当に共通点がある。まず「恋の浮島」がポルトガルと日本と中国の古典を縦横に引用してその取り合わせの中から現実を超越した想像の快楽を見出したように、あるいはまた、おそらくは彼らの共通の師であるに違いないマノエル・ド・オリヴェイラの「ノン、あるいは支配の空しい栄光」がポルトガルの栄光の時代と現代とを絵巻物のように取り合わせて見せたように、これらには共通して、古典的教養というものの栄光の時代に対するペダンチックなまでの憧れがあり、誇りと自信があり、それを現代に生かすにあたってのお洒落な工夫がある。明らかにそこには西欧文化の巨大な伝統をしっかり学んで受け継いできた国の品位があり、私がいちばん感動したのはその点だったと思う。

もう一本、このポルトガル映画祭で感銘を受けた作品をあげると、アントニオ・レイス、マルガリーダ・コルデイロの共同監督録音編集による一九七六年作品「トラス・オス・モンテス」がある。レイスはこの国の代表的な現代詩人でコルデイロは精神科医である。内容はポルトガル北部の山岳地帯の村の子どもたちの生活を描いたもので、折り目正しいリアリズム作品であり、そこに何気なく、何百年も昔のことと現在とが、重ね合わされるというファンタジーが盛り込まれている。子どもたちの遊びやその背景として見えてくる大人たちの労働が、詩情豊かに描かれているのであるが、そこにはヨーロッパの風景画の大きな伝統がしっかりとふまえられ、そのおちつきはらった重厚な構え方自体が、一見貧しい農民たちへの敬意の表現になっていると私は見た。働くために村を離れていく父親を、その姿が見えなくなるまで娘が見送っている。そのおちつきはらった長回しは溝口健二の長回しがヨーロッパに伝えられてからヨーロッパの若手の監督たちに流行のように拡まったものだとも言えるのかもしれない。そうした手法も含めて世界の映画の新しい動きも敏感にとらえているが、やはり土台は西欧の伝統である。

ポルトガルはヨーロッパの西の端の小国であるが、歴史的には西欧の世界制覇の先端を切ったこともあり、その自負が産業としてはごく小規模なはずのこの国の映画界を支え、ヨーロッパ文化の栄光と、しかし思い上がってはならないというクールな現実認識をつくり上げている。まことに質素でありながら優雅な芸術世界がつくり上げられているのである。

ポルトガル映画の秘儀性とエチオピア映画

二〇一〇年には東京で「ポルトガル映画祭２０１０」という催しがあり、それが翌年、川崎市アートセンターで上映された。

私はこのセンターの上映作品を選定する委員会のメンバーであるので、その期間、しばしば会場に行ったが、悪くない入りだった。

観客のなかには遠方から電話で問い合わせて来たといった人が少なくなかったようである。それだけ熱心な人たちなのだから、どんなにか昂奮しているかというと、むしろ逆で、どう理解していいのか分からない、というような途方に暮れたような表情をして会場から出てくる人が多いが、ではは失望したのかというと必ずしもそうではなく、とにかく変わった映画でよく分からないが、なにか深い意味がありそうで興味深い、とおっしゃって、続けて二本でも三本でも見ていらっしゃるのである。じつは私自身もそうなので、こうして解説とも研究ともつかないような文章を書きながら、理解しようと努めているのだ。

こうして努力していると、あ、ここに理解の手掛りがあるかもしれない、と思う作品にぶつかって、小躍りしたいような歓びを感じることがある。一九六三年のマノエル・ド・オリヴェイラの監督、撮影、録音、編集、製作作品「春の劇」は私にとって正にそういう作品であった。

監督が撮影その他、五つもの役割りをこなしているのは、じつはこれがアマチュア映画に近い作り方で出来た作品だということであろう。アマチュア映画ならこれに脚本と音楽まで加わっても珍らしいことではない。じっさいこれは、トラス・オス・モンテスという地方のクラリェという山村で村人たちが上演したキリスト受難劇を撮ったものなのである。こういう田舎で伝承されている劇というのは、日本でも黒川能などがあるが、限られた場で小規模で上演されるものなのではなかろうか。

この作品の場合はキリスト受難劇のストーリーを追ってかなり大きな場で村人たちが多数参加して、周辺の風景などもドラマの場あるいは背景として活用しながら撮られている。そこに、あるいは元の村芝居のかたちを超えた演出がほどこされているかもしれない。最大の演出はラストの復活の場面を広島の原爆の惨禍のドキュメンタリー映像におき換えていることである。キリストは十字架にかけられて死んだだけでなく、復活せず、世界は地獄となった、ということだろうか。

いかにも村芝居らしく、俳優たちの演技は稚拙でぎこちない。しかし、その稚拙さのなかには装いのない単純な真実がムキ出しになっているとも言えるかもしれない。

このアマチュア映画とさえ思える一見素朴な作品を、マノエル・ド・オリヴェイラ自身が、「自身のキャリアのターニング・ポイントだ」と言っているというから興味深い。

「ポルトガル映画祭2010」のパンフレットに載っている彼のインタビューには次のような言葉がある。同じポルトガル語映画であるブラジルのグラウベル・ローシャの「アントニオ・ダス・モルテス」について触れながら語った言葉である。

一六世紀にブラジルに移住したポルトガルのミーニョ地方の人々によってブラジルに持ち込まれ、ブラジルで継承され、ブラジルの特色も加えられた昔の劇、秘儀からの強い影響が印象に残りました。それらの劇、秘儀はグラウベル・ローシャの映画の構造に影響を与え、その革命的な特徴ゆえに、彼は「シネマ・ノーヴォ」と呼んだのです。

ブラジルのグラウベル・ローシャの「アントニオ・ダス・モルテス」は確かにヒーローが剣をふるって悪の権化のようなドラゴンを倒すという、なにやらスサノオノミコトとヤマタノオロチの戦いを思わせるような格闘場面をクライマックスにおいた〝秘儀〟のような映画であった。ここで私が〝秘儀〟という言葉で漠然とイメージしているのは、ドラマのような論理がなく、ただ神秘宗教の行者のように何かに向かって精神を集中して一心不乱に祈りか呪いを続けている姿、ぐらいの意味である。それは宗教などのレベルで考えれば原始的なものかもしれないが、人間はしばしばそれを必要とし、それをよりどころにして自分を貫ぬく。「アントニオ・ダス・モルテス」の正義の騎士と邪悪なドラゴンの死闘の秘儀など、ブラジルの民衆にとっては邪悪な権力者の迫害と戦ってそれをはね返す民衆の力を目の前に出現させるおまじないのような意味を持っているのだろう。

キリスト教社会の、それも僻地の村などで伝承されてきたキリスト受難劇というものも、観客に見せるための演劇とは違い、信仰の教義の世界を実際にあったこととして追体験してみることによって血肉化する行為だったのだろう。

オリヴェイラが「春の劇」を自分の作風のターニング・ポイントだったと言うのは、具体的にはその後、「過去と現在　昔の恋、今の恋」（一九七二）、「繻子の靴」（一九八五）、「ノン、あるいは支配の空しい栄光」（一九九〇）、「神曲」（一九九一）など、舞台劇の映画化あるいは舞台劇ふうに構成された一連の映画を作っているからである。では舞台劇ふうとはどういうことか。それらの作品の全体を見ているわけではない私としては明確には言えないが、観念的とも言える純度の高いダイアローグの力強い朗唱を中心にして、それを祈りのように盛り上げ、イメージとして集中させていくもの、と言ったらいいだろうか。たとえば「神曲」は、精神病院を舞台として、ドストエフスキーやニーチェの作品の中の人物の名を名乗る登場人物たちが会話をするというものである。映画祭のパンフレットの「ストーリー」の欄では三浦哲哉によってこう要約されている。


「精神を病める人々の家」の表札が掲げられた邸宅。そこで暮す人々は、聖書、ドストエフスキー、ジョゼ・レジオ、ニーチェのテキストに登場する人物を名乗っている。庭では全裸のアダムとイヴが禁断の果実を齧じる。「罪と罰」のラスコリーニコフが老婆を殺害し、商売女ソーニャに自分の思いを吐露する。反キリストの哲学者が、信仰をめぐり預言者と対話する。キリストが救いの日について説教する。バイクで邸宅にやってきたイワン・カラマーゾフが「大審問官」と題されたテキストを読みあげる。信仰と罪と愛について演じられるこれら虚構の対話劇の傍らで、マーサがピアノ曲を演奏し、やがて力尽きる。

つまりこれは、キリスト教の信仰への疑惑にとらわれながら、なおも信仰の意義と必要を認めずにはいられない人々の論理と倫理をごちゃまぜにして、そこに現代人の共通の希望を祈念する〝秘儀〟なのだ。「春の劇」が最も単純素朴なかたちの秘儀だったとすれば「神曲」は複雑な迷路をたどるような秘儀で、ひねくれてシニカルでさえもある。「ノン、あるいは支配の空しい栄光」などは、植民地帝国としてのポルトガルの最後に向けて発せられた、植民地はもういらない！　というシュプレヒコールのようなもので、秘儀の内密性からはもうずいぶん遠いが、しかし、単に植民地支配を告発し否定するだけでなく、植民地帝国時代の栄光へのノスタルジーをそこで苦い笑いとともに葬り去る作業を一緒にやってのける。するとこの映画は、壮大なページェントのような表現と苦い笑いの要素をとり込んで重々しい秘儀性をおびざるを得ないことにもなるのであろう。

じつは前に述べた「恋の浮島」のパウロ・ローシャ監督は、「春の劇」など、この時期のオリヴェイラの作品にスタッフとして参加していたという。彼が東京のポルトガル大使館で文化アタッシェをしていた時期にも、私は彼の口からオリヴェイラの名前はよく聞いていたものだったが、そこで思い当る。「恋の浮島」こそは正に秘儀的な映画なのである。田舎の村の素朴な素人芝居をひとりで撮影から録音までやってのけた、その点ではまるでアマチュアのドキュメンタリーのような作り方をした作品と、スターや名優や名カメラマンを動員し、前衛的とも言える美術を駆使して作りあげた壮麗な「恋の浮島」とでは一見してなんの関係もなさそうである。しかし「恋の浮島」の冒頭には、たしか銀座の和光の屋上かと思われるところに映画の関係者一同が集まってこの作品の成功を祈るドキュメンタリー場面があるのだ。そして一般観客には殆んど理解できないと思われる中国の古典にもとづいて物語が進行する。この場合、中国の古典は殆んど呪文である。意味の分からない呪文がちゃんとした効果を発揮して、ポルトガル民族の東方への夢あるいは執念の行きつく果てを浮びあがらせ、その想念を解放するということになるのだから、これこそ本当の〝秘儀〟だったのだ。

マノエル・ド・オリヴェイラの長篇第一作である「アニキ・ボボ」（一九四二）を見ることができたのもこの映画祭の大きな収穫である。この映画はジャンルに分類すれば児童映画ということになるだろう。児童映画というとマイナーな小品でとくに大人が見るほどのことはない映画だと考えられやすいが、清水宏の「蜂の巣の子供たち」、G・アラヴィンダンの「魔法使いのおじいさん」、アッバス・キアロスタミの「友だちのうちはどこ?」のような映画史に特筆されるべき傑作もある。オリヴェイラの「アニキ・ボボ」はポルトガル映画の存在をヨーロッパに知らせた最初の作品であったようだ。第二次大戦中の作品であるが、戦後にヨーロッパに知られ、イタリアのネオリアリズムの先駆的な作品として受けとめられたようである。オール・ロケーション、素人俳優の重視、そしてなにより、自由の圧迫に対する抵抗を主題とすること、などをネオリアリズムの特色だとすれば、そう言えると思う。

ポルトガル北部のポルトという港町が舞台である。その港から、街、学校、住宅など、おそらくはオール・ロケーション撮影だと思われるが、カメラはこの街を自在に動きまわって、子どもたちののびのびした動きをとらえている。主人公の少年はちょっとした悪ガキで、教室では先生に叱られて罰を与えられてばかりいるし、街では商店の親父さんをごまかしてかわいい人形を手に入れる。その人形を好きな女の子にプレゼントして彼女の関心をひこうとするのだ。そのために夜、彼女の家の外側からよじのぼって彼女の寝室の窓を叩き、窓を開けさせて「ロミオとジュリエット」ばりのラブシーンをやったりする。それがとってもかわいい。日本の児童映画では考えられないことである。西洋ではこうして幼い頃から恋愛のマナーの訓練が行われているから、いまの日本のように、親が子どもたちの結婚相手をさがしてやることが出来ない時代になると、とたんに未婚の大人がふえて少子化が社会問題になるということもないのだろう。そう思ったが、しかしこの映画の子どもたちの自由奔放さはポルトガルでも少々行き過ぎと見られたようで、映画祭パンフレットの三浦哲哉の解説には次のような一節がある。

厳しい検閲を課されるサラザール独裁政権下で作られた本作であるが、体制側に対して自由を謳う姿勢は明白であり、オリヴェイラ自身によると、公開時、反抗的で大人に嘘をつく子供を描いているとして非難されたという。

こうしてまだ小学生の主人公の男の子が、好きな女の子をめぐって恋敵と対立し、たまたま遊びのなかで相手の男の子が崖から落ちて怪我したことで彼がつき落したのではないかと疑われる。しかし、ふだん主人公の男の子に嘘をつかれてごまかされている服屋の親父さんが現場を見ていて、決して彼がつき落したわけではないと証言してくれるので助かって、メデタシ、メデタシで終わる。

この結末など、愛と善意の児童文化の原則にきれいにおさまっているので、とくに反抗的というわけでもない気持のいい児童映画になっている。しかし子どもの嘘や教師への反抗、さらにはラブシーンまでが、子どものかわいらしさとして描かれているのは当時としては驚きだったであろう。ポルトガルの知識人たちがいつも注目していたのはフランス文化の動向だったと思われるし、フランス映画ではすでに無声映画期に子どもの大人への反抗を詩的に謳いあげたジャン・ヴィゴの傑作「新学期　操行ゼロ」がある。あれはあくまで自由な芸術表現の先端を行っていた国での先端的反逆的芸術家の実験的な作品である。それよりぐっと保守的だったと思われるポルトガルで、ふつうの一般的な映画として「アニキ・ボボ」が作られたのは「新学期　操行ゼロ」が引き起した流れの力強い継承、とも言えるかもしれない。

ポルトガル映画についてはわれわれの知識はあまりにも乏しい。映画祭パンフレットに載っているペドロ・コスタが日本で行った講演「砂漠の小さな花、ポルトガル映画史について」にはこう述べられている。

ポルトガル映画は一九一〇年代にはほとんど作られず、二〇年代はほんの少し、三〇年代の冒頭に若干作られているだけで、その後は七四年を待たねばならない。（中略）サイレント映画には二、三本、面白く、かなり美しい映画があることはあります。（中略）わたしの主観においては、ポルトガル映画はマノエルの処女作からはじまります。つまり三一年からです。それ以後、マノエルは自分の望む映画を撮ることができなくなりました。ファシズム独裁政権下で検閲があり、また資金がなかったからです。（中略）次の作品は四二年の「アニキ・ボボ」です。そして、オリヴェイラの作品と比較できるような、ほかの監督の作品が作られるようになるには、六二年ないし六三年まで待たねばなりません。

これは遠慮しすぎた表現なのではないか。われわれが見ることの出来た数少ない作品がことごとくじつに野心的で異色あるものであることを考えると、それを支えた、もっと普通の〝良い映画〟の裾野の広がりがないはずはないように思われるのだが、とりあえずはもっと見てみたい、と言うしかない。この講演でペドロ・コスタは「アニキ・ボボ」を次のように誉めている。

「アニキ・ボボ」についても、あらゆる国の歴史家が、この映画は「ネオ・リアリズモ以前のネオ・リアリズモだ」と評していますが、私はそれ以上のものだと思っています。すべてのマノエルの映画がそうなのですが、秘められた何かがあり、子供と大人という枠を超えた、欲望、フラストレーション、欲望の幻影があります。

ナマの欲望ではなく「欲望の幻影」と言っているところに示唆されるものがある。リアリズムではなく、「秘儀」として欲望が幻視される、ということか。その点では一見欲望をナマのまま描いているかのように見える「黄色い家の記憶」や「神の結婚」のジョアン・セーザル・モンテイロの描くものも、決してナマのままのリアリズムの欲望ではなく、諸行無常にも似た一種の形而上学的な観念を通過しての、やはり秘儀化した欲望の表現であることに気づく。かつてオリヴェイラの助手をしたこともあるパウロ・ローシャの「恋の浮島」が秘儀の集大成であることはすでに述べた。ここにポルトガル映画のまことにユニークな伝統が成り立っている。

容易に見ることができない国の映画ということで、エチオピア映画である「テザ　慟哭の大地」(二〇〇八)について語りたい。厳密に言えばこれはエチオピアとドイツとフランスの合作であり、脚本監督のハイレ・ゲリマはエチオピア人であるが現在はアメリカに住んで大学で映画を教えている。じつは私は一九八四年に日本で国際交流基金が行ったアフリカ映画祭で委員長をつとめており、そのとき彼の映画デビュー作の「三千年の収穫」を上映作品の一本に選び、彼を日本に招待している。いまはどうか知らないが、たしかそのときにはエチオピアにはまだ映画産業はなく、この作品は彼がアメリカのUCLAの映画学科の卒業製作として作ったものだった。

原題の「テザ」はこの映画で使われているアムハラ語で朝露のことであり、「家を出たときにはそれを見たが、帰ってきたときにはなくなっていたもの」というナゾナゾの答だそうである。

監督自身が若くして母国を出てアメリカで学んだように、この映画の主人公のアンベルブルも若くしてエチオピアを出てドイツに行き、医学を学んでいる。その医学で郷里の人々につくしたいと思って大人になって帰国するのだが、そのときエチオピアは、革命の嵐が吹き荒れていて、子どもの頃のなつかしい人情などは朝露のように消えていた、という意味である。

というわけで、この映画では、主人公の運命をほんろうするエチオピアの革命の政治的な動きが描かれる。そして、そこから派生する暴力的な状況などが繰り返し突発的に現れて、ドラマを重く激しくするとともに主人公の運命を大きく左右する。エチオピアの現代史などについては殆んど何も知らないと言っていい私など、それで大いに面喰らい、筋を追うのに精いっぱいになる。しかも回想形式の使い過ぎで、過去と現在がこんぐらかるので外国人には分かり難い。と、一応は苦情を言うが、じつはこの映画はある点ではじつに分かりやすい。というのは、この映画で知るかぎり、エチオピア革命というのは、ソビエトや中国の革命の模倣だったようで、その進行と結末はそれら革命の先輩諸国の革命の否定面の繰り返しに他ならなかったらしいからである。王制を打倒して革命派は希望に燃えるが、革命はたちまち粛清に次ぐ粛清の嵐になる。権力を握った者は優秀な人材を片っ端から告発して自己批判を要求し、人民の名によって処刑していく。とくに知識層がねらわれやすいのも中国の文化大革命と同じであったらしい。というより、カンボジアのポル・ポト派の革命と同様、エチオピアの革命も中国の文化大革命の影響が強かったようで、主人公とその仲間の西洋医学者たちはとくに執拗にねらわれる。ただ、さすがにこの国ではドイツで学んだ医者などという知識人は貴重なので命びろいをするという面もあるが、せっかくそれで逃れて行った東ドイツで人種偏見の暴力で片足を失うことにもなる。

実際にはエチオピアの革命は相当に複雑な経過をたどったようである。しかしこんなふうに要約できる面もあったのであろう。そしてそう思うとき、大国の愚かな動きが小国を無残にふりまわすということの悲惨さ、無残さをあらためて思い知らされずにはいられない。

映画としてはたいへん力強い表現力があって目をみはる思いがする。ハイレ・ゲリマの出世作だった「三千年の収穫」は、エチオピアのどこかの寒村の一家の生活を描いたもので、その家の女の子が、燃料に使う牛の糞を拾ってまわりながら、こんな仕事はもう嫌だと呟いている場面などが、いまでも強く印象に残っている。エチオピアの片田舎の農家の女の子も、その生活の貧しさを自覚し、社会が変わることを求めている。「三千年の収穫」が撮影されていた一九七〇年代の半ばは正にハイレ・セラシエ皇帝が革命勢力によって廃位させられてこの国の長く続いた帝制が終わった頃である。そういう情況下であればこそあの田舎の少女の不平の呟きも強いリアリティを持ち得たのだ。あの作品の鮮烈な詩情と熱い希望に較べると、「テザ　慟哭の大地」は革命への絶望がもたらした悲憤であふれている。

もちろん、ただ絶望だけでは終わらない。革命政権の教条主義に抵抗しつづけて知識人としての良心を守った主人公は、結局は権力者たちから遠ざかって故郷の村に帰り、村の因習と闘いながら小学校の教師になることで子どもたちの未来に希望を託することになる。そこに至るまでの絶望的なエピソードのつみ重ねに力がこもっていて、まことに重厚なドラマになっている。

かつて一九八五年にゲリマが東京に来たとき、いちどアフリカの各地から招いた監督たちを箱根に案内したことがあった。そこでみんなが芦ノ湖のあたりではしゃいでいるのに、彼がひとり、バスに残って、私があげた私の著書の英訳を読みふけっていたことを思い出す。あのとき彼は、まさにこの映画に描いていたような、ハイレ・セラシエ皇帝の追放以後の母国の政情のただならぬ不安定さに思いをはせていたはずなので、とてもみんなと一緒にはしゃぐ気にはならなかったのだろうなと、いまにして思うのである。なにはともあれ「テザ　慟哭の大地」はアフリカの映画史上では画期的な、ハリウッド映画ばりの迫力のある作品である。

おわりに

映画についての文章を発表するようになってから六十五年ぐらいになる。この本に集めた文章は、そのうち最近二十年以内ぐらいのものだと思う。私は自分の書いたものは原稿か切りぬきでたいていてい保存しているのであるが、新聞名雑誌名とその発行日まではメモしていない場合が多いので、いざ一冊の本にまとめることになるとそれを書き込めない。せっかく執筆の機会をいただいた編集者の皆さんに申しわけないと思う。それと夢中になって書いていてときどき間違いがあったりするのをたんねんに読んで誤りを正してくださった校正者の方々にお礼を申し上げます。

二〇一六年四月

佐藤忠男

佐藤忠男（さとう・ただお）
1930（昭和5）年、新潟県生まれ。日本を代表する映画評論家。映画を中心に演劇、文芸、大衆文化、教育など幅広い評論活動を半世紀以上続け、著書は100冊以上に及ぶ。また、日本映画大学学長をつとめる。
妻・久子とともに受賞した第7回川喜多賞をはじめ、紫綬褒章、勲四等旭日小綬章、芸術選奨文部大臣賞、フランス芸術文化勲章シュバリエ章など国内外で受賞多数。主な著書に、『増補版 日本映画史 全4巻』（岩波書店）、『キネマと砲聲』『黒澤明作品解題』（ともに岩波現代文庫）、『溝口健二の世界』『映画の中の東京』（ともに平凡社ライブラリー）ほか多数。

映画で見えた世界

2016年9月10日　初版発行

著　　者　佐藤忠男
発 行 者　青柳光明
発 行 所　株式会社中日映画社
〒105-0004 東京都港区新橋6-11-8-3F
TEL:03-6459-0943
http://www.chunichieigasha.co.jp/
発 売 所　株式会社桜雲社
〒160-0023 東京都新宿区西新宿8-12-1
ダイヤモンドビル9F
TEL:03-5332-5441
FAX:03-5332-5442
http://www.ownsha.com/
info@ownsha.com
印刷・製本　株式会社誠晃印刷

ISBN978-4-908290-22-0

定価はカバーに表示してあります。